JN439481

정영희 수필집

새끼손가락에 거는 마음

도서출판 경남

작가의 말

재킷 주머니에 손을 푹 찌르고 은행잎 쌓인 길을 걸으며 깊은 상념에 빠져본다.

어설픈 글들을 세상에 내어 놓으려 하니 가슴이 울렁이고 망설여진다. 그렇지만 "무식하면 용감하다."라는 말에 힘입어 나도 책을 내어야 되겠다고 마음이 다져졌다.

중학교 2학년 여름방학 때 수학 과제물 노트 뒷장에 써 놓았던 일기 형식의 글을 읽어보신 선생님께서 노트를 돌려주시면서 "넌 글쓰기를 연습해 보렴, 작문에 소질이 있는 것 같다."라고 말씀해 주셨다.

거의 반세기 전에 들은 그 말을 잊은 듯 무덤덤하게 살다가 어느 날 갑자기 내 머릿속 깊은 곳에서 귀에 익은 목소리가 천둥처럼 들려 왔다. 정신이 번쩍 들었다.

'그래! 남은 인생 글을 쓰면서 내 마음을 닦아내고 행복한 나날을 가꾸어 보자.' 마음먹고 자신에게 설득하며 수필 쓰기를 시작했다. 그렇게 몇 년이 흐르니까 얼마간 글이 모였다. 그냥 흩어버리는 것보다 모아서 내 삶의 흔적을 남기고 또 앞으로의 정진에 필요한 조약돌로 삼기 위해 이 책을 펴내기로 마음먹었다.

나는 앞으로도 계속 수필을 쓰면서 세상 끝날까지 내 삶이 조여들지 않고, 편하고 느슨하며 여유 있게 이어지기를 소망한다.

설익은 글들을 찬찬히 읽고 서평해 주신 하길남 교수님께 깊은 감사를 드린다. 또 이 글을 읽어주시는 귀한 독자 여러분들께도 진정 어린 감사를 드린다.

2011년 겨울
정 영 희

| 차례 |

제3부

제4부

제1부

나와 함께하는 8자

8자는 모양새가 준수하다고 생각된다.

아래 위 어느 쪽으로도 치우치지 않는다. 즉 아래 위가 없다. 두리 뭉실하게 날카롭지 않아서 더욱 호감을 갖는다. 가로로 눕히면 무한대를 상징하는 모양새다. 그러므로 영원무궁한 숫자라는 느낌을 받기도 한다.

또한 백색의 누에고치를 연상하게도 한다. 누에가 평화롭게 뽕잎을 먹고 자양분을 쌓아서 고치를 만들기까지의 고통은 안중에도 없다. 그저 새하얗게 완성된 8자 모양이 마음을 편하게 이끈다. 그 고치에서 무한한 실을 뽑아내어 가공된 옷감이 우리의 살갗에 저항감 없이 기분 좋은 촉감으로 다가온다.

6, 70년대의 음악에 맞추어 국민체조의 구령도 하나 둘 셋 넷, 다섯 여섯 일곱 여덟, 둘둘 셋 넷, 다섯 여섯 일곱 여덟로 마무리 되었다. 스트레스도 사라지는 상쾌한 기분이다.

우리나라가 힘들었던 준령을 넘고 88올림픽을 성황리에 끝냈던 기억이 엊그제 일처럼 느껴진다. 이를 기회로 우리나라 위상이 세계만방에 알려지면서 관심의 대상국이 되었고 우리는 고무풍선을 매달은 듯 각 분야별로 하늘을 치솟고 있다.

이렇듯 8이라는 숫자는 다양한 상징성을 지녔기 때문에 좋은 느낌을 마음에 품는다.

어떤 이들은 타고난 사주가 좋아야 팔자가 트인다고 한다. 자녀들의 혼담이 오고 갈 때는 처녀 총각의 사주팔자를 짚어본 후에 안심하고 정혼을 하는 예도 없잖다. 그러나 근래의 젊은이들은 사주보다는 보는 순간 느낌이 좋아야 한다고 하니 이 또한 그동안 변해온 문화의 탓이라 하겠다. 예전의 어른들은 부모끼리 정혼해 놓으면 첫날밤에야 얼굴을 보았다. 정해진 부부를 자기의 숙명으로 여기고 팔자와 씨름하며 머리가 파뿌리될 때까지 자신들의 자리를 지켰는가 보다. 이혼이란, 현세에 만들어져 호황을 누리고 있는 말인 것 같다. 팔자라는 것과 관계가 있는 것인지 궁금할 따름이다.

가끔 어려운 지경에 처한 사람들을 만나 이야기를 나누다가 손을 잡는다. "내 팔자려니 생각하면 다른 사람 원망하지 않게 된다."고 위로의 말을 하면 "그래요 내 복이 이뿐이겠지요." 하고 쉽게 마음을 접는 듯한 경우를 여러 번 경험했다.

나는 고등학교 1학년 때 중간쯤에서 왔다 갔다 하는 작은 키가 못마땅했다. 지금은 키 크는 성장호르몬이나 기계적인 요법에 의존해서 키를 키워보기도 하지만 그 당시엔 별다른 방법이 없었다.

부모님의 허락도 받지 않고 약골인 나는 키를 키우기 위한 목적으로 농구부에서 활동했다. 연습량에 비하여 슛을 날리는 것이 정확하다고 칭찬하시는 선생님을 떠올리니 풋풋했던 그 시절이 마냥 그립다. 학교 대항 시합을 앞두고 백넘버를 배정받던 날 "넌 어떤 숫자가 맘에 드니?" 하고 물으시는 선생님께 평소에 친근감이 가는 8자가 좋다고 말했다. 농구팀 백넘버를 정하는 날 두근거리는 가슴으로 제비를 뽑았다. 신기하게도 8번 숫자를 등에 업고 신나게 뛰어 다녔다. 일 년이 훨씬 지났다. 원하는 키는 전혀 변동이 없고 체력은 땅에 기어들었다. 부모님의 강권에 운동을 접을 수밖에 없었다. 그러나 지금까지 그 8번의 백넘버는 항상 내 마음속에 깊숙이 자리하며 나를 다스려 준다. 좌로나 우로나 기울지 말고 다른 사람들에게 편안함을 안겨 주라고.

공부할 때도 거의 무의식중에 연습장에 8자를 수도 없이 그렸던 기억도 생생하다. 지금도 글을 적다가 또 이야기하면서도 종이의 여백만 보이면 8자를 열심히 만들어 내는 버릇에 혼자 미소를 머금기도 한다.

가끔 친한 친구들과 모임자리에서 "저 친구는 참 팔자가 좋은 편이지!"하며 나에게 눈길을 주면서 이말 저말을 한다. 감사한 마음으로 "그래 나는 팔자를 좋아해" 하면서 8자를 그려낸다. 나의 속내도 모르면서 까르르, 출렁이는 웃음바다를 이룬다.

우리는 풍요로운 세상에서 자신들의 삶을 누리고 있다.

나도 지금까지 항상 8자가 나와 함께하기에 안정감 있게 자리를 지켜 온 것이라고 자위함은 지나친 표현일까?

아예 8자를 새끼 꼬듯이 엮어서 벨트로 만들어 허리를 꽉 졸라매고 활기찬 발걸음을 떼어보고 싶다.

물론 8자를 세워놓으면, 넘어질 것이다. 그러나 수레는 영원히 굴러갈 것이 아닌가. 나와 함께.

큰 그릇 속 작은 그릇
—신앙 수필

세계 여러 나라 어려운 이웃들의 신음과 고통으로 우울해진다.

가끔 각 방송사에서 특별히 제작하여 방영되는 굶주리고 헐벗은 어린이들의 영상물을 본다.

세상 구경을 하려고 각종 꽃과 식물들이 움을 틔우는 계절에 나에게도 꽃처럼 아름다운 마음이 피어났다.

평소 관심이 있었던 해외 선교단체에서 운영하는 비전스쿨에 등록하였다. 13회의 교육을 3개월에 걸쳐 힘들게 받았다. 그때 놀라운 일들을 체험했다. 캠프 때마다 주위를 의식하지 않고 그 분위기에 젖어들며, 가슴에 불이라도 짚인 듯 활활

타오르는 느낌에 갈증을 느끼기도 하였다. 최바울 선교사의 어린아이 같은 순진무구한 그의 입술을 통하여 선포되는 비전 제시에 마음이 설레기도 했다. 한국학의 중요성을 역설하면서, 죽음 앞에 당당하게 대처했던 이야기를 들었을 때에는 나의 가슴이 마치 공기 빠진 풍선처럼 한동안 숨을 멈추었다가 감동의 물결이 일기 시작했다.

'가만히 앉아서 생각하면 두려웠지만 믿음으로 순종하며 한 발자국씩 앞으로 나아가니 두렵지 않았다.' 는 선교사님의 말에 늘 깨어 있는 영적 무장의 필요성을 깊이 깨달을 수 있었다.

그 결과 나는 가슴 뿌듯한 꿈을 꾸게 되었다. 이번 기회에 10여 일이라도 그 들과 함께 봉사하며 주님의 사랑과 비전을 체험해 보고 싶었다. 우즈베키스탄을 선교대상으로 삼고 기도를 시작하며 준비했다. 사진과 신청서를 내고 그곳에 갈 계획은 차질 없이 진행되어 갔다. 어린이들에게 나누어 줄 선물이랑 다른 준비로 바쁜 나에게 주말도 아닌데 둘째와 셋째아들이 찾아왔다. 나의 눈치를 살피며 마음에 없는 이야기들로 횡설수설한다. "애들아 하고 싶은 이야기가 뭐니?" 하고 다그치니 서로 눈치를 살핀다. 어떻게 내 계획을 알았는지 심각한 표정으로 둘째가 입을 연다. "어머니는 우리들의 정신적 지주세요. 그러한 중대한 일은 혼자 결정할 일이 아니라고 생각합니다." 하고 정색을 한다. 생각해 보니 대충 운만 떼고 의논하지 않은 것은 아이들이 섭섭하게 생각할 만했다.

그때 한참 서울 모 교회 교인들이 아프카니스탄으로 선교하러 간 팀들이 뜻하지 않은 사태를 맞고 있었다. 그들이 감금당하여 고통받는 장면을 TV에서 수시로 보여 주었다. 그 중 한사람을 사살시켰다는 소식엔 간담이 서늘해졌다. 하나님을 믿는 사람들조차도 옳고 그름을 구별하지 못하는 혼돈에 빠져들기도 하였다.

안티 크리스천 가운데에는 "무엇에든지 지나치면 큰일을 당하게 마련이다."라는 등 말들이 분분했다.

눈물을 쉽게 보이며 그 눈물에 약한 우리네의 나약함을 나도 뒤로만 할 수 없었다.

그때 원래 내 생각대로 우즈베키스탄 선교 계획을 시행하지 못한 것을 지금도 아쉬워하고 있다. 언젠가는 다시 시도할 것이라는 꿈을 가슴속 깊이 간직하고 있다. 그러나 한편으로 부끄러운 생각이 앞선다. 왜 내 그릇은 이 정도밖에 되지 못할까?

이태석 신부의 삶이 떠오른다. 그는 부모에게서 우리와 다른 DNA를 받고 태어났을까. 아니면 신으로부터 특별한 사명감을 부여받은 때문일까? 답을 낼 수가 없다. 그는 환경이 열악한 아프리카 수단에서 환자들에겐 의술로 봉사했고 아이들에게는 음악을 가르쳤다. 그리고 다양한 방법으로 교육시키며 내일이 있다는 새로운 희망을 심어 주었다. 건강을 위해 운동도 함께 즐기며, 교육시킬 수 있는 장소도 손쉽게 만들어 갔다. 그곳을 돕는 그의 열정은 쉼 없이 모든 것을 이루어 냈다.

세상에 태어나서 예수님보다는 좀 오래 살았지만 아까운 나이에 어두운 곳 구석구석을 밝히는 불꽃처럼 살다가 미련 없이 떠나 버렸다.

무소유를 실천한 법정스님의 타계 소식은 나의 가슴에도 호수에 돌을 던져 이루어진 파문처럼 일렁였다. 자기의 삶을 조명한 책 《비움의 철학》을 마지막까지 실천한 분! 그는 이웃을 보살피는 것은 자선이 아니라 자기 확대라고 표현하였다. 우리에게 많은 감동을 안겨 주신 분이다.

김수환 추기경도 빼 놓을 수 없다. 이 나라를 바로 세우기 위하여 부단히 애쓰셨던 분! 두꺼운 검은 테 안경으로 비치는 어진 티가 배인 눈은 우리에게 때 묻지 않은 순수함으로 다가왔다. 꽉 다문 입은 말보다 실천의 의미를 깨닫게도 했다. 숨질 때까지도 사랑을 외치며 실천하신 분으로 꼽는다.

앞서가신 성인들의 큰 그릇, 그분들의 사상을 본받고 싶다. 나의 마음도 갉아내고 닦아내며 그 큰 그릇에 나의 작은 그릇을 퐁당 빠지게 하여 변화를 이끌어 내면 얼마나 좋을까.

감 성

세계는 각 시대마다 나라마다 특유의 문화를 형성하고 있다. 지금은 EQ가 사람과 사회의 척도로 활용되고 있다. 그 전에는 IQ에 따라서 사람을 평가하기도 했다. 하지만 지금은 이성적인 능력뿐만 아니라 감성적인 유연함도 높게 사고 있다.

기업들도 신입사원을 채용할 때 면접을 통하여 재치와 센스, 감성을 중요시한다고 한다. 어떤 기업의 간부는 다복한 가정에서 순탄하게 성장한 친구도 좋지만, 홀어머니 밑에서 똑같은 자리에 올라온 친구를 뽑는 경우도 있다고 한다. 자기만의 매너리즘에 빠지지 않고 상황판단이 빠르며 독창적인 창의력을 가진 사람을 선택하게 되더라는 이야기를 들은 적이 있다.

우리는 추상화를 보면서 개성이 강한 화법을 확인하게 된다. 단풍이 곱게 물든 것을 보고도 느낌이 서로 다를 수 있다. 이글이글 타오르다가 장엄하게 사라지는 태양을 석양으로 표현하는 이도 있고, 혈액병으로 고통을 받는 환자들에게는 핏빛으로 보여 몸서리치는 이도 있을 수 있다.

결혼의 조건 중 감성지수를 제일로 꼽아야 될 것 같다. 불명예스러운 이혼율 1등 국가란 상상도 하기 싫은 일이다.

서로 감성이 같은 방향으로 흐르지 않으면 대화의 방향이 달라지고 삶의 의미마저 달라질 것이다. 지금은 여성들도 자신의 속내를 거침없이 표출하고 살아가는 세상이다. 때와 장소를 가리지 않고 각자의 생각과 느낌을 그대로 드러낸다.

잘 알려진 이야기지만 우스개로 전해 오는 정혼한 청춘 남녀의 대화를 인용해 본다.

달 밝은 밤에 손도 잡아보지 못한 채 어색한 분위기를 바꾸어 보려고 여인이 "달이 참 밝네요." 하고 말을 붙인다. 남자 왈 "보름달이니까 밝겠지." 하고 말을 잘라 버린다. 연결이 되지 않아 할 말을 잊은 여인은 "이제 가시면 언제 오시나요?" "가 봐야 알지." 이렇듯 단 답으로 무드 없는 대화법을 일삼는 무뚝뚝한 경상도 남정네들과 비유하면 몰매를 맞을까?

예전에는 부모가 정해 주면 첫날밤에 처음 만나는 부부가 많았다. 층층시하에, 많은 일감에 언제 눈을 맞추며 스킨십은 상상도 못하는 세월을 지내온 할머니들 세대여! 무미건조하게 살다가 떠나신 많은 날들에 대해 송구스런 마음이 솟구친다.

처녀 때의 일이다. 시골에 계신 큰 할머니가 오셔서 극장에 모시고 갔다. 그 때는 지금의 영화처럼 깊은 키스신은 없었지만 남녀가 입술을 대는 장면에 모두 긴장해 있을 때이다.

“에그 망측해라, 저게 뭐하는 짓들이여. 아가 어서 나가자.” 고 큰소리 쳤다. 결혼 후 아기도 없는 상태에서 큰 할아버지께서 돌아가셨다. 사랑 법도 익히지 못하셨기에 그렇게 놀라워하신 것이라고 생각해 본다.

긴긴밤을 할머니께서는 아마도 컹컹 짖는 멍멍이와 찬 겨울 문풍지 소리에 위안을 삼으셨을 것 같아 마음이 아릿해진다. 은장도 같은 것은 아예 모르셨을까? 그래도 가끔 그리운 감정은 지녀 보셨을까? 오늘 따라 할머니의 안쓰러웠던 삶에 강한 애착이 간다.

나는 생각과 행동이 트인 양 아들과 며느리에게 ‘키스와 포옹 같은 사랑표현은 자연스럽게 표현하면서 살라’ 고 이야기를 하였다. 그러다 어느 날 노크 없이 문을 열고 방에 들어서는 순간 둘째 애들의 껴안은 모습을 보고 당황한 것은 내 쪽이다. 이론적인 면만을 내세웠을 뿐 내가 미처 준비가 되지 않았었는가 보다. '아임 쏘리' 하면서 어설프게 얼버무린 적이 있다. 겉으로는 이해하는 척하지만 속에서 품어 나오는 속내까지 훈련이 되지 않은 모양이다.

우리의 다섯 가지 성정, 즉 기쁨, 노여움, 욕심, 두려움, 근심 등을 잘 다스려서 감정을 조절할 줄 아는 완숙된 삶을 살고 싶다.

부부나 남이나 생각이 같고 감정까지도 같은 영역일 때에 신뢰하는 마음이 생겨나고 사랑이 두터워질 것이다.

은빛 찬란한 바닷물 위에 솜털 구름이 깔린 것 같다. 갈매기들이 마음껏 유희할 수 있는 평안함을 안겨주기 위함인가 보다.

이 세상 온갖 것을 다 받아주고 품어주는 바다 같은 감성을 지니는 내가 되면 좋겠다.

—그만한 욕심만은 갖고 싶다.

결혼 시즌

요즘 금값이 하늘 높음을 모르는 듯 고무풍선을 매달고 위로 치솟기만 한다. TV 화면에선 농촌 부부가 황금 벼 이삭을 안은 환한 모습이 보는 이에게 가슴 뿌듯하게 한다.

들녘의 가을걷이할 때쯤이면 결혼소식도 알려온다. 아들이, 딸이 결혼하게 되었다고 청첩장을 두 개나 받아 놓고 있다. 때를 놓치지 않으려고, 과태료 물지 않으려는 납세고지서처럼 눈 바른 곳에 놓아두고 있다.

사람들은 사랑하기 때문에 결혼한다고 한다. 그런데 상대방을 가늠하기란 그리 쉬운 일이 아니다. 모두를 감싸 안았던 순수한 사랑은 사라지고 에고이스트들이 범람하는 사회 속이다. 그렇기에 사랑은 열전도가 잘 되는 양은 냄비의 음식물처럼 쉽게 끓다가 식는다.

요즘 대학가 젊은이들의 생활 풍속도가 바뀌고 있다고 한다. 물론 모두 그렇지는 않을 것이다. 성급하게 결혼하는 것보다 함께 지내보고 서로에 대한 감정이나 신뢰가 쌓이게 되면 결혼까지 올인 하게 된다고 한다. 하지만 서로의 뜻이 빗나가게 되면 쿨하게 정리한다는 이야기를 듣고 부정과 긍정적인 면이 뒤섞이기도 한다. 이혼을 식은 죽 먹듯 하는 요즘 세태에 합리적이지 않을까 하는 엉뚱한 생각도 해본다. 외모만 가지고는 상대방의 속내를 알 수 없으니 성격, 생활패턴 등을 악기를 조율하듯 다듬어 보는 시간이 필요하리라.

우리의 생명이나 모든 사물에는 일정한 시효가 있기 마련이다. 하지만 결혼은 이혼을 하지 않는 한 지속적으로 유지되는 인간관계이다. 그러므로 자녀를 비롯한 후손들에게 좋은 영향을 끼치며 인생의 깊은 의미를 심어주기도 한다. 그렇기 때문에 끝없는 책임의식으로 각자가 다짐하며 지켜야 하는 소중한 가치이다.

배를 탈 때에는 한번 생각하고, 전쟁에 나갈 때는 두 번 생각하고, 결혼할 때에는 깊이 세 번 생각한 후에 결정하라는 옛 어른의 말을 한 번 더 떠 올려 보자.

봄나들이

현란한 꽃들의 향연이 펼쳐지는 꿈길에서 나비를 쫓다가 벽에 부딪혀 잠이 깼다.

봄을 기다리는 마음이 짙어질수록 꽃은 더디게 피는 것처럼 느껴진다. 때 맞춰 저절로 피고 지는 꽃들인데 세월이 지나면서 새롭고 아쉬움이 더해 가는 것은 어쩔 수 없는 인지상정인가 보다. 봄꽃을 시샘하는 바람이 세차게 부는 어느 날 창가에 하얗게 꽃눈이 흩날린다. 캠퍼스 뒤편 언덕에 벚나무 한 그루가 꽃구름으로 분장을 한다. 해마다 이맘때쯤, 바람이 부는 날에는 사각거리는 댓잎소리에 맞추어 벚나무는 연초록 옷을 갈아입고 춤을 춘다. 낙화를 아쉬워하며 꽃 마중을 나서기로 하였다.

봄꽃소식은 언제나 섬진강가에서 먼저 불어온다. 이른 봄, 매서운 추위에도 매화가 꽃 잔치의 시작을 알린다. 핑크빛이 은은히 묻어난 벚꽃은 십리 길의 주인이다. 앙증맞은 얼굴의 환한 미소로 우리를 마중하고 있다. 붉은 빛이 화사한 복사꽃, 연분홍빛의 살구꽃에다 지금은 배꽃이 한창이라 과꽃들로 산과들이 하얗게 덧칠해 있다.

진주로 가는 국도의 중간쯤에 있는 문산의 야트막한 동산은 온통 하얀 배꽃으로 가득 메워졌다. 멀리서 바라다보는 배밭은 마치 솜이불을 널어놓은 것 같다. 한가로이 봄 속을 달리는 승용차 안엔 어느새 '과꽃' 의 향기가 입술로 전해진다.

올해도 과꽃이 피었습니다.
꽃밭 가득 예쁘게 피었습니다.
누나는 과꽃을 좋아 했지요
꽃이 피면 꽃밭에서 아주 살았죠.

우리의 얼굴은 오래 되었지만 소녀 같이 입가에는 배꽃을 닮은 하얀 웃음이 여행의 즐거움을 더해준다. 도로변 가까운 배나무는 아취형의 하얀 꽃 대궐이다. 사방이 연초록으로 물들어 가는 섬진강 하류 하동포구의 벚꽃 십리 길을 달리는 차창에는 꽃비가 쏟아진다.

우리를 초청한 그분은 교직에 몸담았다가 정년을 맞았다. 차근차근 준비하여 섬진강을 굽어보는 언덕 위에 그림 같이 아담한 하얀 집을 지었다.

바쁜 일과 중에 문우들과 함께 초대되어 '삶의 체험현장' 에 출연하는 사람처럼 준비해 주는 앞치마를 두르고 고사리와 두릅채취로 힘든 농사 중 일부분을 체험했다. 봄나물은 대개 웃자라서 센 잎이 되었거나, 덜 자라서 눈에 잘 띄지 않음으로 생존을 유지하는 법이다. 과실나무에 피는 과꽃도 너무 일찍 피었거나 늦게 핀 꽃은 정상적인 열매를 맺지 못한다. 사람도 첫아기는 '문 열' 이라 하여 대개 작은 편이다. 또 나이가 들어서 난 늦둥이는 모유가 부족하여 이집 저집으로 다니며 젖동냥을 했다는 말이 있다. 이 모두가 세상만물의 생존법칙이리라!

봄꽃이 피기 직전의 어느 날 북악산이 바라보이는 친구 집에서 머물렀다. 각종의 나무와 꽃나무들이 내 시선을 붙잡는다. 창문을 열었다. 이름을 알 수 없는 작은 나무에 새순이 뾰족이 머리를 내민다. 허리를 구부려 눈높이를 맞추었더니 추운 듯이 내 가슴으로 파고든다. 금방 손을 내밀 것처럼 방긋 웃는 모습과도 같다. 그 옆의 개나리꽃 나무도 노랗게 봉오리를 맺고 있다. 먼 산 음달엔 아직도 잔설이 남아 있다. 벚나무도 꽃망울을 피워낼 듯 부풀어 있다. 10여일 정도 후엔 꽃의 화음들로 동네가 시끄러울 것 같다. 옆 나무 잎사귀도 안달을 한다. 동생만 쳐다본다고 투정부리는 형처럼 자기도 보듬어 달라고 몸짓을 한다. 우리에게 관심을 기우리던 햇살도 시샘이 났는지 슬슬 자취를 감추어 버린다.

변함없는 자연의 이치에 감동을 받는다. 이런 상념에 잠기면서 착잡한 마음이 나를 이끈다. 과꽃들은 우리에게 희망과 즐거움을 안겨 주다가 낙화가 되면 열매가 맺힌다. '과연 나는 무슨 열매로 세상 사람들에게 유익을 끼칠 것인가' 고 생각하니 물음표가 줄줄이 맺힌다.

봄이 되면 모든 식물이 새싹을 틔운다. 나름대로의 꽃을 피운다. 자기의 이름대로 열매를 맺고 완전한 과육으로 성장시킨다. 내 마음에도 새싹 틔우는 소리가 들린다. 무슨 색깔의 꽃을 품고 있는지 전혀 알 수가 없다.

하지만 꽃 마중을 하는 사람들의 입에 오르내리는 '무엇' 인가가 되고 싶다.

나르시즘의 시간

몸이 찌뿌듯하고 마음이 우울한 날이 있다. 나이 탓일까 생각하면서 씁스레한 웃음을 지어본다. 뜨거운 탕에서 땀이라도 흘리고 나면 기분전환이 될까싶어 목욕탕으로 발길을 향한다. 사람들이 별로 없는 저녁 시간은 여유롭고 왠지 압박감에서 해방되는 기분이다. 출근 시간이 가까워 오는 아침에는 마음이 급해서 옆 사람을 쳐다볼 겨를도 없다. 한가로움을 즐기며, 눈을 지그시 감고 콧노래로 시간 가는 줄 모른다.

느긋하게 사방을 둘러본다. 때밀이 실 옆에 붙어 있는 안내문에 시선이 머문다. 경락 마사지를 한다는 문구다. 간이침대 2대가 놓여 있고 두 아주머니가 열심히 고객들에게 서비스를 해 준다. 젊은 아주머니는 키가 훤칠하고 한 아주머니는 아담한 체격에 조금 피곤한 기색이지만 온화한 얼굴색이 더 정답게 느껴진다. 아담한 여인을 자연스럽게 이모라 불러본다.

"이모 경락 마사지 받고 싶은 데요." 하니 20여 분 기다리라고 한다. 우리는 서로 눈인사로 신호를 주고받는다.

지난해 김장 김치를 담근 뒤 피곤함을 덜어내기 위하여 처음 서비스를 받아 본 이후 경락 맛사지라는 문구에 기대감이 부푼다. 탕 안에서 엎드려 맛사지하고 있는 두 사람을 관찰했다. 경쟁이라도 하듯 열심히 움직인다. 내가 부탁한 키 작은 아주머니는 오일 같은 것을 누운 사람 몸 뒤쪽에 바르더니, 마치 음악에 맞추어 춤을 추듯 리드미컬하게 움직이면서 신바람 맛사지를 한다. 작은 체구에 그 일이 안성맞춤으로 보였다. 키가 큰 아주머니는 몸이 불편한지 가끔 힘든 표정을 지어 상대에게 불안감을 준다. 두 사람이 대조적인 모습은 많은 생각을 낳게 한다.

내 차례가 왔다고 사인을 보낸다. "이모, 주방 타월처럼 작은 것으로 아래 부분을 덮고 해 주세요" 나는 침상에 눕자마자 미안한 마음으로 별난 주문을 했다. 내 옆의 침대에 눈길이 간다. 스물세 넷 정도의 아가씨가 반듯하게 누워 있다. 살결이 퍽 곱다. 부러움 반 호기심 반으로 예쁜 몸매를 곁눈질로 훔쳐본다. 누워 있는 모습이 아름답다. 복숭아처럼 솟아오른 봉긋한 유방이며 힘줄이 보이지 않는 손등을 부러운 듯 쳐다본다.

저 멀리 떠나고 있는 기차의 기적 소리가 들린다. 내 젊음은 그렇게 멀리 가버린 기차의 아련한 기적 소리로 달아났다. 싱그러운 그녀를 보다가 반사적으로 내 몸을 훑어보고 있음에 놀란다. 젊었을 때에는 제법 탱탱하고 풍만하던 유방은 간 곳이 없다. 탄력을 잃은 살갗에 가슴은 말라 바람 빠진 풍선처럼 꾸겨져 있다. 이럴 때 속빈 강정이라고 하는지… 자존심처럼 희망봉만 부풀어 있다. 여자란 어쩔 수 없는 나르시즘으로 혼자서 희열을 느끼는 족속들인가 보다. 하지만 지금은 그 말이 늙음에 대한 위로의 말로 바뀌어 메아리 쳐 옴을 어찌 할꼬!

"언니 반듯하게 누우세요."

어느새 내 곁에 다가 와 말을 건넨다. 나의 요구대로 자그마한 새 타월을 하나 가지고 왔다. 공연히 번거롭게 했다는 자책은 미안하다는 말로 씻는다.

아주머니는 내 얼굴을 씻어주고 크림을 묻혀 맛사지 하면서 경락을 짚어준다. 처진 피부도 계속 받으면 올라붙는다는 설명도 덧붙인다. 아플 정도로 당기고 눌러주는데 얼굴의 그늘이 없어지고 주름이 쫙 펴진 느낌이 든다. 다리 부분으로 동작을 옮기더니 슬슬 말을 걸어온다. "언니는 몸도 곱고 마음도 고우셔요." 비행기를 타지만 어지럽지도 싫지 않으니 이 또한 서글프다.

다 끝났다며 등을 한 번 더 짚어준다. 몸은 새털처럼 가벼워 마음의 짐까지 덜어버린 기분이다. 몸은 항상 마음 따라 움직인다.

마음이 울적할 때 이런 호사를 누려보는 일도 나쁘지는 않으리라. 집으로 돌아오면서 행복감에 젖는 이유는 욕망의 때까지 씻겨진 듯한 말끔함 때문일 것이다.

낙엽

세상만사가 허허롭다.

하회탈처럼 해학적인 웃음을 웃는다. 동생은 평소에 풍기는 누님 모습이 아니라면서 덩달아 익살스럽게 웃는다.

동생네 집에서 17년을 함께 살아온 영리했던 예삐가 안아달라고 힘없는 눈빛으로 나를 쳐다본다. 적당한 몸집에 윤기가 자르르 흐르고, 잘 훈련된 애완견이다. 노래를 불러주면 리듬감에 맞추어 손을 모으고 멋진 폼으로 발레도, 빙글빙글 돌아가며 왈츠도 멋있게 추어대는 재롱둥이다. 처음 보는 이들에게도 낯설어하지 않으니 더욱 귀여움을 받는다. "애 어디 아프니?" 하고 물으니 근심어린 동생의 표정이다.

노인들처럼 힘은 빠졌지만 그래도 제자리 지키던 애가 갑자기 눈치를 살피며 움직이기를 싫어하고 평소와 다르게 우둔한 행동에 걱정이 되어 병원에 갔었다고 한다. 특별한 병은 없었고 사람과 같이 노화로 인한 상태라며, 관심 기울일 필요 없이 더 심해지면 안락사를 시키라고 한마디로 답을 내리더란다.

대소변을 잘 가리던 애가 가끔 장소를 구별하지 못하고 실수도 하고, 먹이도 흩으려 집안이 엉망이 되기도 하였단다. 이번에는 다른 병원을 갔더니 어이없는 결과에 말문이 닫힌 듯 멍해졌었다고 한다. 사람에게만 찾아오는 병으로 알았던 백내장, 천식에 귀까지 어두워지고 합병증이 찾아 온 것이다. 안약을 넣어주고, 목과 귀는 맛사지로 몸을 풀어주며 조금이라도 건강해 지도록 정성으로 보살펴 주어도 뾰족한 수가 없다고 한다.

효도를 다하지 못한 것 같아 돌아가신 어머님 모습이 떠오르니 마음이 더욱 아프다고 한다.

이빨에도 문제가 생겼다. 흔들거려 건드리면 빠질까 보아 제대로 닦아주지 못한단다. 먹이도 제대로 먹지 못해 주사라도 맞히려고 병원에 갔더니 간호사는 희망이 없다고 하면서 그 병원 역시 안락사를 시키라고 하더란다. 이 지경에 치매까지 걸릴까 보아 걱정이라고 한다. 자연사 할 때까지 돌보아 주겠다면서 침통한 표정이다.

만약을 생각하여 화장비용이랑 모든 절차를 알아보았다고 한다.

화장 비용이 20만 원이라는 뒷말에 까악까악 하며 어디론가 날아가는 까마귀의 여음을 느낀다.

문득 어머니가 생각난다. 온갖 재주가 많으시고 유머의 샘도 마를 줄 모르며 흥도 적절하게 즐기시던 어머니! 어머니도 떠나실 무렵엔 치매에 걸리셨다. 가끔 만나는 딸 앞에 "사부인, 오셨군요." 하며 정중하게 인사하던 모습이 눈에 선하다. 웃지도 울지도 못했던 기억에 씁쓸한 미소를 머금는다. 어머니 생각만 해도 눈물이 뚝뚝 떨어지던 때가 엊그제 같은데, 이젠 눈물도 나지 않는다. 몸에 수분이 줄어 들어 눈물샘도 말라붙은 모양이다.

어느 따뜻한 봄날 화단가에 개미 떼들이 줄을 이어간다. 몸집이 꽤나 큰 개미이지만 여러 마리가 힘을 합하여 힘겹게 끌고 간다. 그들에게는 꽤나 긴 거리이다. 그렇지만 잠시 눈을 돌린 사이에 제법 먼 거리로 이동하였다. 아마도 장례 치르기 위한 운구 행렬 같다. 가끔 어린아이를 찾는 전단지를 본다. 어른 걸음에 비하면 어린아이 걸음은 느리지만, 방심하는 사이에 쏜살같이 달아나 잃어버리게 된다.

어저껜 노산 가곡의 밤 음악회가 열렸다. 전에는 눈을 감고 조용히 음미하며 감상에 젖었었다. 그런데 내가 달라지고 있음을 느낀다. 거의 아는 곡이고 가사이지만 경망스럽게 입속으로 중얼거리며 무대에 선 듯이 우쭐대다가 우레와 같은 박수소리에 정신이 번쩍 든다. 나도 유효기간이 얼마 남지 않은 것일까?

스산한 날씨에 나뭇잎도 어느 곳으로 가려는지 방향을 정하지 않고 바람에 맡겨 버린다. 순리에 따르는 격이다. 무슨 병에라도 걸린 것처럼 앙상하게 마른 갈색 잎, 군데군데 피멍들어 꺼뭇해진 잎, 홍역에 걸리기라도 한 듯 빨강색의 잎들로 울긋불긋하게 아름다운 정경을 이루고 있다.

사람이 운명하기 직전에 반짝 새 힘이 솟아나듯 나무 잎들도 스러져 가기 전에 아름다움으로 장식했다가 어쩔 수 없이 생명줄을 놓쳐 버린다. 이렇듯 생명체 있는 모든 것들은 죽음을 맞이한다. 반항할 겨를도 없이 모두가 태어난 흙으로 귀향한다.

죽음 앞에 몇몇 분을 관찰한 적이 있다. 죽어가는 모습도 여러 형태이다. 성격이나 평소 마음이 밖으로 드러나는 경우가 많은 것 같다. 눈을 흘기기도 하고 두 손으로 자기 앞으로 당기는 헛손질이 거듭되며, 또 잡혀가지 않으려고 안간힘을 쓰다가 사지에 힘이 빠져드는 경우를 보았다. 거기에 비하면 어머니는 돌아가시기 이틀 전부터 식음을 전폐하시고 잠에 취하시드니 고요히 잠결에 가셨다. 생명줄이 서서히 끊기어 버렸는가보다.

세상에 태어남도 내 뜻이 아니요, 떠남도 예고 없는 우리들 인생이여! 많이 가지려고, 많이 먹으려고 허둥대지 말고 편하게 지내시다가 떠나시구려!

눈빛과 음색

눈은 마음의 창이다. 음색은 마음을 노크하는 손짓이다. 우리 마음의 미묘한 감정을 표현해 주는 눈빛과 음색은 연결고리에 걸려 있다. 사랑을 속삭일 때 음성은 솜사탕처럼 달콤하고 눈빛 또한 무수한 별을 쏟아 내듯 반짝거린다. 하지만 심기가 불편한 사람의 부릅뜬 눈빛과 투박한 음성은, 잘못한 것이 없어도 기가 꺾이며 거센 태풍을 만난 것처럼 상대방을 압도한다.

눈은 마음의 호수이다. 맑은 호수를 바라보노라면 마음 밭에는 연푸른 잔디가 펼쳐진다. 눈은 그 아름다운 영상을 뇌리에 오래도록 머물게 하고 싶으나 그 또한 잠시일 뿐이다. 잔잔한 호수에 돌을 던지면 호수는 아픈 듯 파문을 일으킨다. 그 여운이 제법 오래 간다. 마음도 덩달아 가닥을 잡지 못하고 일렁인다.

얼마 전부터 노래와 웃음으로 질병을 치료한다는 노래, 웃음 치료사가 인기를 끌고 있다. 기쁨을 주는 웃음과 즐거운 마음이 엔돌핀을 생성케 하여 혈행을 원만하게 한다는 것이다. 노래와 웃음은 우리 얼굴을 야생화처럼 순수하게 가꾸어 주는 효과가 있다. 그러므로 성형을 하지 않은 여인의 눈가장자리와 입가에 생긴 잔주름은 오히려 자연스럽고 아름답다. 그 모습은 사랑을 자아내기에 충분하다.

요즘 아이들은 혼자 있는 시간이 제일 행복하다고 말한다. 어른들의 잔소리에서 벗어나서 주도적으로 자신을 이끌 수 있기 때문일 것이다. 인터넷이나 스마트폰에 매달린 아이들의 눈빛은 번득거린다. 게임을 할 때에는 눈빛과 음색이 함께 어우러져 흥을 돋운다. 신비스러움을 찾아내면 "오! 승리" 하며 환호성을 올린다.

나는 거의 매일 아침 이 노래 저 노래 가리지 않고 흥얼거린다.

아침 시간이 지루하지 않게 음색에 따라 바쁘게 움직이면 눈빛도 한 곳에 머물지 않고 분주하긴 매한가지이다.

혼란한 세파 속에서 자녀들을 바르게 키우려고 노력하는 엄마들이여! 가슴속은 부글부글 끓더라도 사랑스러운 눈빛과 부드러운 노래로 웃음 바이러스를 전달하는 행복 전도사의 꿈을 지녀보실 의향은 없으신가요?

바람결에 띄우는 사연

소슬한 바람이 베란다 앞에 내어 걸린 태극기를 간질이는군요. 어서 저녁 찬 기운을 피하라는 손짓인가 봅니다. 때때로 저를 챙겨 주던 당신의 배려 같아서 씁스레한 웃음을 머금어 봅니다.

그렇게도 건강하던 당신은 물이 가만히 고여 있으면 썩는다고 하면서 나이는 접어두고 젊은이들에게 질세라 무리한 운동을 하셨지요. 요즘 같은 상태라면 100살까지도 거뜬히 살 수 있겠다고 자신감을 가지셨던 당신이였기에 지금도 믿기지 않습니다. 오히려 저의 건강을 걱정해 주시던 분이셨지요.

당신은 저에게 많은 여운을 남기고 홀연히 가셨습니다. 무똑똑한 성품이지만 따뜻한 속마음으로 포근한 숨결을 주셨어요.

아무 뜻도 없이 일상에 젖어 있는 저를 따끔한 일침으로 깨우쳐 주시기도 하셨지요.

지난밤엔 당신을 찾아 헤맸습니다. 후미진 산골에 고즈넉하게 자리한 강가였습니다. 물안개가 자욱하게 피어올라 앞을 볼 수가 없었어요. 마치 잿빛 물감으로 그려놓은 한 폭의 수채화 같기도 했습니다. "여보, 어디 계신가요?" 소리쳐 보아도 메아리만 돌아올 뿐 적막강산이었습니다. 엄마 잃은 미아처럼 주위를 둘러보며 울기 시작했더랬어요. 그렇게 울다가 잠이 깨었습니다. 내 곁의 빈자리에 무서운 마음이 들었습니다. 등을 싫어하는 당신을 뒤로하고 돌아누웠습니다. 그날따라 딱히 갈 곳도 없으면서 싱긋이 웃는 당신 사진과 눈을 맞추면서 "집 잘 지키세요." 해도 아무런 반응이 없는 당신!

저녁시간이 되어 현관문을 열고 들어서니 "응 당신 왔구려."하면서 반기는 소리가 귓가에 맴돕니다. 당신 방문을 열어보아도 휑하니 빈자리입니다. 혹시나 싶어서 닫혀 있는 화장실문도 살며시 열어봅니다. 이곳저곳을 둘러보아도 끝내 당신의 모습은 보이지 않았습니다.

이 땅 위엔 가물어 땅이 갈라지고 식물이 고사하고 벽지엔

음용수가 메말라 간다고 하는데, 나의 눈물샘은 마를 줄을 모르는 채 나의 볼을 줄줄 타고 흘러내립니다. 당신은 눈물 흘리는 것을 제일 싫어 하셨지요. 울지 않겠다고 다짐을 해보지만 당신과 함께 찍은 사진을 보고, 또 남겨둔 편지를 보고 흐르는 눈물을 다잡지 못하고 있습니다.

여보! 당신이 남기신 마지막 말씀 "내가 죽더라도 울지 말아요. 더 큰 부탁은 감동을 줄 수 있는 좋은 글을 많이 쓰기를 바라오." 이 말을 남기시곤 순진한 어린아이 모습으로 떠나셨습니다.

사랑이란 단어에 서툴렀던 당신이 생을 다할 무렵엔 저에게 감동을 남기셨습니다. "당신을 정말로 사랑했다오. 여보 지금도 사랑합니다."라고 하면서 겸연쩍어하던 풋풋한 당신의 모습으로 저의 가슴에, 머리에 영원히 각인 되어 머물 것입니다.

고마우신 당신! 저도 당신의 깊은 사랑을 이제야 조금 알 것 같아요. "저도 당신을 사랑합니다."라고 화답하며 그리운 마음을 띄웁니다.

들숨과 날숨의 문턱

이른 아침의 찬란한 햇살과 신선한 공기냄새를 맡고 병실에 들어서던 찰나였다.

옆 침상의 아저씨가 "니가 뭘 안다꼬?" 퉁명스럽게 내뱉는다. 어떠한 대화 끝에 나온 말인지 알 수가 없다. 부인은 우리에게 미안한 듯 머리를 숙여 일그러진 표정을 숨기려고 애를 쓴다.

건강하던 남편이 심한 운동으로 병을 얻어 입원해 있을 때의 일이다. 60세를 넘긴 듯한 옆 환자부부의 갈등은 하루에도 여러 번 연출되었다. 마치 거센 파도에 배가 휩쓸리면서 숨겨졌다 떠올랐다 하는 아슬아슬함을 느끼게 했다. 옆의 분은 우리의 눈치를 살피다가도 화가 차오르면 참아내지 못하고 짜

증스럽게 화를 내어 부인을 쩔쩔매게 한다. 마치 독수리가 부리를 세우고 곤두박질하는 현상을 보는 것 같아 긴장하게 된다. 자신의 굳은 의지와 능력만을 믿고 자신의 뜻대로 살아오신 분 같다.

잠시 후 부인은 마음을 가다듬고 나를 보고 억지웃음을 짓는다. 하지만 얼굴의 그늘은 피워내지 못했다. 그의 남편은 사뭇 공격적이다. 부인은 공이 어느 방향으로 날아들까 신경을 곤두세우는 골키퍼처럼 매시간 숨도 고를 겨를이 없다.

그녀의 남편은 식도암 판정을 받고 수술도 할 수 없는 상태라고 한다. 옆구리에 호스를 꽂아놓고 주사기로 죽을 넣어 끼니를 대신하며 링거로 생명을 이어가고 있었다. 명줄보다는 강한 의지로 하루하루를 버티고 있는 것 같아 곁에서 보기에 안쓰러웠다.

간호사들에게도 민감하게 반응을 보인다. 오랜 기간 동안 주사를 맞아 팔 손등 발목 어느 곳에도 한 번에 혈관을 찾을 수가 없었다. "아프게 꽂지 말라, 의사 불러오라."고 호통을 치다가도 제 풀에 힘이 꺾인 듯 곧 눈을 감아버린다.

그 부인을 눈짓으로 휴게실로 안내하며 커피 한잔으로 위로를 건넸다. 잘못한 것도 없는 부인은 나에게 미안하다고 말한다. 장점도 많은 분이지만 마음고생이 많았노라고 속내를 내비치기도 했다. 급하고 다혈질적인 성격을 바꿔보려고 애를 써 보았지만 허사였다고 말한다. 씁쓰레한 웃음을 머금으며 고질병이 되었다고 자기변명이 아닌 이야기도 흘린다.

조용하기에 곁눈으로 쳐다보니 부인은 잠든 남편의 모습을 보며 눈물을 훔친다. 내 마음도 찡하다. 태풍에 거세게 밀려오던 검푸른 파도가 은빛 찬란하고 평온한 물결에 넘어져 멀리 달아났는가보다.

발전해 가는 의술로 몸의 병들은 의사들이 떼어내고, 잘라내고, 태우면서 치료를 할 수도 있지만 마음의 병은 어쩌나! 그분은 육신의 병도 종점이 멀지 않은 것 같은데 마음의 병은 극심한 상황이다. 천성적으로 타고난 성품과 환경적으로 변하여가는 심리적인 간극을 좁혀나갈 생각은 아예 접고 사신 분 같다.

거친 숨을 몰아쉰다. 일어나 앉아서 이불을 고이고 엎드린다. 그때 문 앞에서 "아버지 저 왔어요." 하며 아들이 들어섰다. 신기하게도 그 고통 속에서도 아들을 향한 사랑의 눈빛과 인자한 미소를 며칠 간 함께 있었어도 처음으로 보았다. 너무나 자애로운 모습이다. 겨우내 꽁꽁 얼어붙었던 강물의 얼음이 따뜻한 햇살에 힘없이 녹아 들어감을 느꼈다.

'전지전능하신 신이시여! 지금처럼 이분에게 마음의 평정을 허락하소서.' 하고 나는 남편에게 하듯 오랫동안 기도했다.

등잔불

유리 항아리 속에서 등잔불처럼 반짝이는 희미한 추억의 꾸러미를 풀어본다. 아버님 기일이 되어 서울 동생 집을 방문했다. 제사를 끝내고 나서 사촌 올케와 동생 내외들이 수군덕거리더니 나에게 의미 있는 미소를 보낸다.

이튿날 아침을 먹고 난후 급하게 짐을 챙기며 바람 쏘이러 나가자고 아우성이다. 내가 모든 키를 쥐고 있는 양 나에게 시선이 집중된다. 오늘 따라 나는 움직이고 싶지 않다. 하지만 따라 나서지 않을 수 없는 분위기에 핑계 댈 겨를도 없이 얼떨결에 차에 탔다.

일행이 큰 차를 렌트하여 함께 갈 수 있었기에 따뜻한 동기

애를 누릴 수 있어 좋았다. 나를 웃게 하려고 모두 장끼를 풀어낸다. 이웃집 할머니의 바람난 이야기와 야한 유머도 흘리면서 까르르 웃음소리가 터지면서 차도 함께 요동친다.

차창 밖으로 스쳐지나가는 풍경에 아스라했던 지난날 추억의 조각들이 맞추어 지는 아련함도 느꼈다. 양지 바른 휴게실 동산에 가득히 메운 클로버 잎들에 시선을 빼앗긴다. 문득 네 잎 클로버로 행운의 점을 치던 깡마른 친구가 생각난다. 오래된 필름이 멈춰버린다.

이게 웬일! 요즘 사람들에게 눈길도 받지 못한 네 잎 클로버들이 줄서기라도 한 듯 나의 시선을 받고자 안간힘을 쓴다. 그들을 어루만지며 아름답던 소녀시절의 그리움에 젖어든다. 그 중 튼실한 것 하나를 뽑아 지금까지 책갈피에 간직하고 있다.

어느 사이 목적지인 주문진에 도착하였다. 점심을 식당에서 해결하고 전망 좋은 아파트 10층에 짐을 풀었다. 무엇이 그리 급한지 옷들을 바꾸어 입느라고 수선을 피운다. 나에게도 속바지 같은 편한 바지를 건네준다.

"누님, 저희들과 재미있는 놀이에 푹 빠져보세요. 48장 동양화 그림 공부예요. 이걸 하면 남의 말 할 시간 없지요. 형제나 남들과 친교하기 좋고요. 작은 돈이지만 잃지 않으려고 긴

장하게 되니 스릴도 있어요. 더 중요한 것은 치매에 걸리지 않는대요. 처음엔 몰라도 짝을 맞추다 보면 솜씨가 늘어요." 하면서 둘째 올케는 말 많은 이웃집 할머니처럼 눈을 껌벅이면서 나를 설득시킨다.

남동생 둘은 바둑을 두기 시작했고 우리는 화투로 고스톱을 쳤다. 정말 시간 가는 줄 모르게 재미에 빠져든다. 돈은 할 줄 모르는 내가 딴다. 이기는 것이 미안해서 마구 쳐도 돈은 나에게로 굴러온다. 마음을 비운 탓인가 생각하게 된다. 돈을 많이 잃은 작은 올케는 "뜻대로 되지 않는 우리의 세상살이와 같다"고 격앙된 어조로 불평을 한다. 그렇게 시간은 흘러 새벽 2시가 되어 잠자리에 들었다.

약속이라도 한 것처럼 다음 날 모두 8시쯤 일어났다. 아침밥은 남동생들의 솜씨에 맡겨졌다. "이게 모두 형님 빽 덕택이야" 하며 큰 올케가 나를 웃긴다. 여자 넷은 앞 다투어 세수를 하고 얼굴 손질 하려고 긴 거울, 손거울, 분통에 붙은 거울 등을 가지고 두드리고 바르고 눈썹을 그리며 야단들이다. 시력이 나쁜 큰 올케는 큰 거울을 앞에 놓고 그 속에 들어 갈 듯 바짝 붙어 앉아 화장에 열중한다. 이 때 사촌 올케가 코 잔등에 주름을 지으며 화들짝 웃는다.

오래전 시골에 사시던 할머님이 돌아가셨을 때의 일이란

다. 아침녘 친척들이 많이 모여 있는 북적대는 방에서 있었던 일이라고 한다. 한 귀퉁이에서 등잔불을 당겨놓고 거울에 눈을 붙이듯 바짝 대고 마스카라까지 마무리한 여자라고 그 때의 불만스러웠던 감정까지 드러내며 비아냥거린다, 지금 모습으로 그 시절의 현상을 보는 것 같아 '하 하 하' 웃음소리에 아파트도 기우뚱 한다. 예나 지금이나 항상 화장기 있는 얼굴로 가족들을 만나는 정갈함을 지녔기 때문일 것이다.

어느덧 세상이 바뀌어 등잔불이 백열등이 되고 백열등이 형광등으로 그 모양도 다양하게 우리 시각을 편하게 해준다. 우리는 문명의 혜택을 받고 살면서도 오염되지 않은 옛 음식을 건강식으로 꼽으며 순박했던 그 시절을 그리워함은 나이 든 사람들만의 바램일까?

아무튼 옛 정취에 흠뻑 취해보고 싶다.

옛날에는 과거시험에 응시하기 위하여 선비들이 말 타고 지방에서 서울로 올라오면서 말에게 먹이를 주었다는 길목이 지금은 서울에서 최고인 강남의 말죽거리이다. 새 세상이 펼쳐지면서 일류로 만들어 준 것이다.

소박하고 순수했던 등잔불 시대, 그리움이 등잔불처럼 은은히 타오른다.

제2부

커피와 수필

아름다운 연인처럼 살갑게 다가오는 커피 향에 매료된다.

그 향기는 분위기 좋은 커피숍에 검은 색 톤의 눈 화장을 한 고혹적인 여인의 모습으로 연상되기도 한다.

부드러운 모카 향은 내 눈을 감기며, 코를 위로 치켜세우고 깊은 숨을 들이마시게 한다. 최면에 걸린 듯 한동안 몽롱한 기분을 자아내기도 한다.

이제 커피는 우리 문화의 필수품인 양 당당하게 자리 잡아 가고 있다. 나는 일주일에 한번 꼴로 서울을 왕래한다. KTX 열차를 기다리노라면 늙은이 젊은이 가릴 것 없이 빨대를 꼽은 일회용 커피 컵을 손에 든 것을 보게 된다. 오히려 빈손인

승객들이 초라해 보이고 시대적으로 뒤처진 느낌마저 준다. 이것이 요즘 서울역에서 펼쳐지는 풍경이다. 마치 유행의 물결과도 같다.

수년 전 하루에 두서너 잔씩 마시던 커피를 끊어 버렸다. 깊은 잠에 빠져 들지 못해 소변을 자주 보게 되는 것 같아 사랑하던 사람을 내치듯 뒤도 돌아보지 않고 지내오고 있었다.

그런데 서울을 오가며 촌티(?)를 벗겠다는 핑계 겸 코끝에 맴도는 커피 향을 물리칠 수 없어 다시 마시게 되었다. 커피에 대한 유혹은 유리 포트에 통 커피를 넣고 끓여서 집안 가득 향으로 채워 보아도 잠재울 수 없었다. 마침 TV에서 커피가 암을 예방하는데 좋다는 보도가 나왔다. 이 보도는 커피 마시는 것을 합리화시키고 머리에 남아 있는 부정적인 이미지를 털어 내기에 충분했다.

요즘 나는 커피 라떼에 빠져 있다. 커피에 우유를 섞어 마시니 향은 희석되어 약하지만 훨씬 속이 편한 것 같다. 하루에 두 잔을 마셔도 몸에 반응이 전혀 없다. 잠도 제대로 자며 기분 또한 좋다. "어, 나도 커피 두어 잔쯤 마셔도 되네." 마치 과거급제한 것처럼 우쭐댄다. 바람에 날리는 갈대처럼 이리저리 휩쓸리며 유연하게 살아가고자 한다.

온갖 지식이 홍수같이 밀려드는 정보사회에 살고 있다. 모두가 만물박사요, 모두 잘난 사람들과 경쟁하면서 끊임없이 노력한다. 요즘은 누구를 만나도 정치, 경제, 건강, 자녀교육에 대한 대화의 꽃을 쉽게 피운다.

많이 안다는 것은 주위 사람들을 피곤하게 하기도 한다. 전문인들을 당혹케 하는 경우가 다반사인 모양이다. 병원을 찾는 환자도 의사의 지시대로 따르지 않고 자신들의 생각으로 앞질러 가니 난감할 때가 있다고 한다. 나의 경우를 생각해 보아도 환자가 결코 만만하지 않다. 이번에 감기에 걸려 고생을 많이 했다. 한번 기침을 시작하면 쉽게 멎지 않아 고통스러웠다. 몸의 컨디션을 생각하지 않고 항상 좋은 상태려니 착각하고 지냈기 때문이다. 전에도 그랬듯이 의사의 처방약을 하루 분만 먹고는 이젠 감기 쯤 물러서겠지. 내가 이겨낼 것이야 하는 자신감으로 버티어 왔다. 어느 시점이 되니 참아내기 힘들어 일주일 분의 기침약을 달라고 주문을 했다. 하루도 거르지 않고 3일째 약을 먹어도 별 효험이 없다. 호미로 막을 것을 가래로 막는 격이 되었다. 스스로 아는 척 교만해진 것이다.

이 글을 적어 가면서도 머그잔에 가득한 커피를 한 모금씩 마시고 있다. 어떤 변호사는 찾아 온 고객들이 너무 많이 알고 말도 청산유수로 하여, “누가 변호삽니까? 제 말씀을 먼저 들으시고 알맞은 말만 하자."고 일침을 가하면 그때서야 입을 다물게 된다고 하며 머리를 흔든다.

요즘 우리 사회는 많이 아는 것이 병폐이다. 순리대로 받아들이지 않고 사실을 왜곡시켜 역행하고 있으니 안타깝다.

문학의 향취가 가장 은근하게 배어난다는 장르인 수필의 향은 내가 그리워 다시 찾은 커피향보다 더 진하게 나를 사로잡는다. 커피는 냄새와 혀로 맛을 음미 하며 즐기지만 수필은 마음에 울림을 주고 정서가 다듬어졌을 때 진한 감동을 준다. 또한 커피는 소변으로 빠져 나가 행방이 묘연하지만, 수필은 세상에 나타나 두루 다니며 우리의 정신을 맑게 하는 각성제 역할을 한다. 이 얼마나 기묘한 산물인가!

수필이 커피처럼 정신 나간 정치인들에게 많이 읽힘으로써 각성제 역할을 해 주었으면 좋겠다. 그렇게 되면 진정으로 나라를 사랑하고 국민을 생각하는 정치인이 되지 않을까.

항상 뇌리에서 떠나지 않는 유명한 미국 대통령 링컨의 연설문이 떠오른다.

"For the people, by the people, of the people."

작은 깨달음

"어머나! 어쩌면 좋아."

핑크색 레이스 방석 위에 또 장식장의 덮개 위쪽에도 문양처럼 까만 색깔의 쥐똥이 점점이 흩어져 있다. 어떻게 이곳에 쥐가 들어올 수 있을까 하는 의문이 좀처럼 풀리지 않는다. 목조 건물도 아니고 콘크리트 삼층 건물인데? 여름철이라 창문을 조금씩 빼죽하게 열어 놓고 퇴근을 하긴 했다. 매끄러운 벽을 기어올라 와서 창문으로 들어오리라고는 상상하지 못한 일이기 때문이다.

이튿날 출근하여 오물을 치우면서 살펴보니 또 난해한 추상화를 그려 놓은 것이 아닌가! 변이 팥알만 한 것으로 짐작하면 꽤나 큰 놈인 듯싶다.

몇몇 사람들의 이야기를 들어보니 세상 변화 탓인지 요즘의 쥐들은 전깃줄도 잘 탄다고 한다. 또 사람이 암벽 타는 것보다 쉽게 벽을 오른다는 사실들에 깜짝 놀라지 않을 수 없었다.

우리의 일터는 쥐를 몰아내기에는 장애물이 너무도 많다. 공간도 넓을 뿐만 아니라 개인 사물함 등 구석마다 숱한 재료들이 자리를 잡고 있기 때문이다. 먹을 것은 없지만 푹신한 섬유, 화려한 채색의 옷감들과 시원한 인조 옷감들이 있기에 쥐의 좋은 안식처가 되고 있음을 알 수 있었다.

그럭저럭 사흘이 지났다. 쥐를 쫓아낼 방법으로 밖으로 나가는 출입문을 열어놓고 계단까지 먹이를 늘어놓았다. 먹이를 따라서 도망갈 수 있도록 생존 출구를 만들어 주었다.

이튿날 살펴보니 먹이가 없어 졌으므로 밖으로 나간 것이 분명하다고 여겼다. 그런데 삼일 후에는 더욱 많은 양의 오물을 심술이라도 부린 듯 이곳저곳에 흩어 놓았다. 기척은 없지만 어딘가에 숨어서 나를 조롱하며 나의 모습을 훔쳐보는 것 같아 기분이 편하지 않을 뿐더러 약이 오른다.

모든 만물의 생명은 하나님이 주신 것, 한갓 미물이라도 그 값어치는 다를 수 없는 것이 아닌가. 그러나 어쩔 수 없는 상황에 이르렀다. 쥐틀을 놓기로 작정했다.

오래 전에 쇠창살로 된 쥐틀에 쥐가 잡혔던 것을 본 적이 있다. 좁은 공간에서도 이리저리 도망을 다니며 살려고 애쓰던 처절한 모습이 생각난다. 생명에 대한 강력한 집착력은 모든 동물의 본능이다. 시대에 따라서인지 짐승을 포획하는 기술도 발달했다. 요즘은 강력 끈끈이를 이용하여 한가운데에 먹이를 놓아두는 간편한 것을 구입했다.

쥐틀을 놓을 곳도 의견이 분분하다. 나이 드신 분은 쥐는 어둡고 구석진 곳을 좋아한다고 마치 연구라도 한 것처럼 자신있게 말했다. 사십대의 젊은이는 요즘 쥐들은 그렇지 않다고 하면서 휑하니 열린 곳이나 밝은 곳을 좋아한다고 반론을 하였다. 이러한 의견들을 참작하여 밝고 어두운 곳에 두루 몇 개씩 놓아두고 퇴근을 하였다.

이튿날 아침 혹시나 하는 기대감에 조심스럽게 끈끈이를 놓아 둔 곳으로 가보니 바퀴벌레 한 마리만 잡혀 있을 뿐 쥐는 냄새도 풍기지 않는다. 다시 장소를 옮겨 쥐는 마른 멸치를 좋아한다고 하여 먹이 위에 두어 마리씩 얹혀 주었다.

며칠이 흘러도 아무런 반응이 없다. 쥐틀임을 알아차리고 밖으로 나가버린 것으로 생각했지만 하루 더 놓았다가 치우기로 하였다. 그런데 이게 웬일인가! 엄지손가락보다 더 작은 새끼 쥐가 한쪽 발을 디딘 채 죽어 있었다. 강한 흡착력에 작은 생쥐는 힘이 달려서 발을 빼지 못한 것이다. 왠지 마음이 찡했다. 하지만 어미 쥐도 있을 것이라 기대하고 그대로 놓아 두었다.

그 이튿날이다. 허기가 졌었든지 어미의 입과 앞발이 먹이 부분 끈끈이에 붙어 있었고 그 옆에 새끼 쥐도 붙어 있었다. 어미 쥐는 눈을 뜨고 죽어 있었다. 비록 유해한 짐승이지만 쥐들의 주검은 나의 기대에 충족감과 생명의 연민을 동시에 안겨 주었다.

아마도 새끼를 찾아 나섰다가 변을 당한 것인가 보다. 우리에게 며칠 동안 귀찮으리만큼 신경을 곤두서게 한 쥐들이었다. 그러나 잡은 후에도 기분은 통쾌하지 않다.

어미 쥐가 깨끗한 곳에서 새끼를 낳기 위해 우리 방으로 들어 온 것일 게다. 아마도 산고를 겪느라고 며칠 동안 후미진 곳에 은둔했었나 보다. 그 어미도 새끼를 홀로 서는 연습을 시키기 위해 잠시 바깥세상으로 내어 보냈다가 변을 당한 것일 거야 하며 온갖 생각들을 자아냈다.

소의 새끼는 어미의 자궁 밖으로 떨어져 나오는 즉시 머리를 털며 비틀비틀 걷고, 강아지는 눈을 감고 꿈틀거리다가 어미가 핥아주면 젖통을 찾아서 움직이며 귀여운 몸짓을 한다.

쥐새끼도 그러한 과정 없이 밖으로 나오지는 않았을 터인데….

만물의 영장인 우리 인간은 엄마 뱃속에서 열 달을 자랐으면서도 직립보행 때문에 미성숙 단계에서 태어날 수밖에 없다고 하지 않는가.

새끼는 모두 귀엽다. 순수하다. 거짓이 없다. 끈끈이에 덜 밟힌 뒤쪽 발가락 두 개가 경련을 일으키듯 하더니 곧 멈추어 버린다.

물고기도, 동물도, 인간도 약자는 강자에게 잡혀 먹히며 맥없이 무릎을 꿇어야 한다. 모든 만물은 끊임없이 약육강식이 계속되는 게임 속에 살아가고 있는 것이다.

이제 제 스스로 완전을 향한 경쟁을 선언해야 하리라.

디자인

노란색과 핑크색인 나비 문양의 실크 옷감이 나비처럼 나풀거린다.

나는 지금껏 의상을 디자인하고 옷 만들기도 지도해 오고 있다. 디자인이란 훌륭한 작품을 만들어 내기 위하여 준비하는 계획이다. 결과물에 중점을 둔 설계, 의장, 줄거리, 밑그림 등을 그려내는 기초적인 작업을 디자인이라고 일컫는다. 성형 술도 마찬가지라고 생각한다. 미인 형을 컴퓨터 그래픽으로 만들어 놓고 개성을 감안하여 각자에게 적용시키는 것과 같다고 생각한다.

우리 여성들은 얼굴은 V자형으로, 몸은 S라인으로 디자인해 놓고 몸짱 다듬기에 정성을 기울인다. 모든 여성들이 멋있고 예뻐지고 싶음은 나이를 뛰어 넘는다.

물질만능의 세상 속에 살고 있는 우리에게 온갖 유혹이 난무한다. 작게 디자인되고 내용은 극대화시킨 스마트폰이나 우리의 몸을 담고 있는 각종 신발의 디자인도 뛰어나다. 모두가 두뇌 활동의 산물이다.

디자인은 때론 실행이 불가능한 공상에서 빚어질 수도 있다.

나는 소녀 때 앞으로 다가올 삶의 조각들을 디자인해 놓았다. 어머니의 살아가시는 방법이 마음에 들지 않았다. 친척이나 남들에게 조건 없이 베푸심에 항상 불만을 뿜어냈다. 우리 집은 시골에서 사는 분들의 정거장이었고 때론 합숙소가 되었기 때문이다. "너에게 미안하구나, 우리가 좀 불편함을 참아내자."고 하시며 등을 어루만져 주시는 바람에 대꾸도 못하고 개운치 않은 마음으로 돌아서곤 했었다.

세상만사가 생각대로 이루어지지 않는 법! 자신만만하게 계획했던 대로 나의 삶 모두를 마음대로 일구어 내지 못했다. 그러나 후회하지 않는다. 때에 따라선 최선을 다 했다는 자존감을 느끼기 때문이다.

요즘 신세대 디자이너들은 과감하게 선과 구도를 구상하고 표현한다. 실용성보다 작품성에 주안점을 두기 때문일 것이다. 그네들의 생활양식은 복잡다단하지 않을 뿐만 아니라 풍족한 여건 속에서 자신들의 주장을 맘껏 펼쳐가며 심플하게 대처해 나간다.

반가운 신문기사를 보았다. 남의 디자인을 베끼던 한국이 애플을 제치고 디자인 강국이 되었다는 소식이다. 세계 디자인 공모전에서 삼성, LG, 현대 자동차 등 기업들이 휩쓸었다고 한다.

사랑도 사람에 따라 각자 다르게 디자인되어야 한다. 각기 상대방에 따른 표현방식이 달라지기 때문이다. 서로의 격이 어울려 정서의 합일이 이루어질 때, 더욱 아름다운 사랑이 결실을 맺게 될 것이다. 우리의 의상도 마찬가지다. 본인의 체형과 피부색등을 고려하며, 아무리 입고 싶은 옷이라도 선뜻 마음을 결정하지 못하는 경우도 있다. 개성에 따라 선택하고 어울리는 치장을 했을 때 남들의 시선을 받을 뿐 아니라 아름답고 우아함을 선사할 수 있다.

나날이 탁해지는 공기오염에 대처하기 위해 녹색바람이 일고 있다. 어떤 도시는 자치단체장의 혁신적인 마인드로 녹색도시를 디자인하였다. 거리엔 화단을 만들고 가로수를 심어 많은 수목으로 옷을 입혔다. 그 연유로 더위도 좀 가시게 되었고 공기 오염도도 기준치를 밑돌았다고 한다. 그런고로 분지인 그 곳이 쾌적한 도시로 이미지를 바꾸게 되었다고 자랑을 하였다.

우리가 살고 있는 통합창원시의 핵심부는 도시경관이 아름답다. 계획된 설계로 도로를 만들고 건물을 짜 넣었기에 어느 곳을 가던지 막힌 곳이 없다. 창원대로는 직선도로의 길이가 전국에서 가장 긴 곳으로 손꼽히고 있다.

조화를 이루며 디자인된 정원수들이 조용히 자신의 자리를 지킨다.

전국에 우뚝 선 아파트 숲들, 그 지역의 특성을 고려하여 어울리는 디자인을 하였더라면 더 아름답고 효율적이지 않았을까 하는 아쉬움을 가져 본다.

십수 년 전에 미국 워싱턴을 방문했었다. 5층 이하로 고도제한을 하여 지은 아파트이며, 전선이나 전화선 등 모든 선들을 케이블로 묶어 지하에 묻었으므로 깨끗하게 디자인 된 거리가 퍽 인상적이었다. 세계의 중심을 이루고 있는 도시인데 휘황찬란한 조명도 없었다. 합리적인 그네들의 생활양상이나, 외양보다는 실리를 추구하는 사고에 부러움이 가슴에 가득 찼던 기억이 새롭다. 우리 실정을 생각하면 답답하기 그지없다. 수도관 고친다고, 또 얼마 후엔 가스공사 한다고, 전화선 교체한다고, 하수도 공사한다고 매일 도로를 파헤쳐 놓는다. 더구나 연말이 다가오면 지자체 예산에 짜 맞추느라고 멀쩡한 보도블록을 파내고 새로 바꾸는 모습에 짜증이 엉겨 붙는다.

모든 것에는 뛰어난 디자인이 필요하다. 그러나 무엇보다도 우리의 마음가짐이 새롭게 디자인 되어 펼쳐지는 무릉도원을 꿈꾸어 보련다.

때때옷 기다려지던 추석

아침저녁으로 제법 찬바람이 옷깃을 여미게 한다. 매미들의 구성지던 합창소리도 간간이 멈춘다. 신체 부위를 시원스럽게 드러내던 젊은 여성들의 옷차림새도 바뀌어져 갈 기미가 보인다.

며칠 후면 우리 고유명절인 추석이다. 힘들기만 했던 옛 정서와 맞물린 그 시대의 생활은 여러모로 풍족하지 못했다. 그렇지만 지금보다 우리의 행복지수는 훨씬 높았으리라고 생각된다. 사람이 사람으로 보이던 때이므로. 세계에서 소득이 제일 낮은 방글라데시 국민들의 행복지수가 세계에서 제일 높다는 이야기와 맞물리는 지론일까.

소박하게 다가왔던 그 시절이 마냥 그립다. 새 옷을 입고 맛있는 음식을 마음대로 먹을 수 있었던 추석을 손가락을 꼽아가며 하루 이틀 지워 나갔던 기억이 떠오르니 요즘 아이들처럼 바쁘지 않게 살았던 것을 깨닫게 된다.

어머니께서 갑사 옷감으로 다홍색 치마에 노랑저고리, 소매는 연두색과 분홍색을 섞어 색동으로 지어 주신 옷을 입은 듯 거울 앞에 서본다. 잠자리 날개 짓으로 빙빙 돌아가던 어릴 적 나의 모습은 숨어버리고 화장기조차 없는 낯선 늙은이가 비치니 흠칫 놀랜다. 어린 시절의 세월들이 파노라마처럼 눈앞에 펼쳐진다. 땅따먹기, 공기놀이, 줄넘기 술래잡기 등 한정되어 있던 놀이들이었다. 고운 옷을 버릴까보아 춘향이 모 월매처럼 치맛자락을 걷어 매고 뛰어 놀던 추억이 엊그제 일처럼 다가온다. 내 마음은 호수에서 유유자적하는 오리 떼같이, 잔잔한 물가를 리듬에 맞추어 선회하는 비둘기처럼 평화롭다.

그 시절의 집들은 굳이 밖으로 나가지 않아도 나지막한 담장너머로 얼굴을 마주하고 대화하며, 음식을 서로 나누고, 두터운 정을 쌓아가며 소통할 수 있었다.

큰 배는 센 물결도 가르고 지날 수 있지만 작은 배들은 작은 물살도 힘겹게 가르며 지난다는 것을 우리 함께 안쓰러운 마음으로 다시 한 번 음미해 보았으면 좋겠다.

물의 소중함

사람이 생존해 가려면 꼭 필요한 요소들이 많다. 그 중에서도 물이 차지하는 효용성은 다른 요소에 결코 뒤지지 않는 가치가 있다. 물은 만물을 생육하는 에너지일뿐만 아니라 인간의 심신을 정화시켜주기도 한다.

우리나라는 예부터 금수강산이라 불리며 물 사정도 참 좋았다. 오죽하면 '흥청망청 물 쓰듯 한다' 고 비유하였을까? 그런데 며칠 전 어느 아파트에서 물 때문에 주민들이 곤혹을 당하는 것이 보도되었다. 엘리베이터가 움직이지 않는다면 계단으로 오르내릴 수도 있지만 물이 없으면 화장실 사용, 세수, 취사 등 생활은 마비될 것인데, 이런 일이 자칫하면 우리 모두가 겪는 공포의 현실이 될 수가 있다. 어떤 이는 4대 강이 말라버린 적이 없다고 안심하라고 하겠지만 이것이 바로 과거 정부에서 자연훼손을 한다는 비판을 받으면서도 많은 댐을 건설해둔 결과임을 우리 모두 알아야겠다.

비행기를 타고 대만에 들어서다가 창밖을 내려다보면 곳곳에 2~3천 평쯤 되는 저수지가 눈에 들어온다. 평화로운 농촌 정경이 갑갑했던 가슴을 탁 트이게 한다. 또 관광지라고 안내받아 가보면 거대한 댐이 있다. 미국 뉴욕에서 투숙한 호텔방에 설치된 변기 저수조도 우리나라 것보다 3분의 2만 한 작은 것이었는데도 수압이 아주 강했다. 그리고 교민들이 많이 살고 있는 캘리포니아주에서 관광 도중 강이 보이지 않아 물 사정이 어떠냐고 물었다. 수백 리 밖에서 강물을 관리하여 파이프로 끌어다가 쓴다는 설명이었다. 기상이변으로 가뭄을 겪게 되고 인구는 불어가고 공장폐수와 생활오수는 물 부족을 갈수록 심각하게 만들 것이다. 정부는 더 늦기 전에 일찍 산업화를 이루어 낸 일본, 미국도 분명 겪었음직한 물 부족에 대해 어떻게 대처하고 있는지 우수한 공무원을 선발해서 수자원관리 정책을 배워오도록 해야 한다. 주부들은 물 부족 참상을 예방하는 차원에서 개숫물, 세정수 목욕물을 한 방울이라도 아껴야 한다. 물은 바로 피요, 젖이요, 생명이기 때문이다.

바람

장미꽃 향이 바람결을 타고 내 코끝을 간질인다.

산들 바람이 나의 쉬폰 원피스 아래 위를 훑어 내리면서 내 몸을 훔쳐본다. 아랫배가 전보다 많이 불러졌다고 깨우쳐 주는 듯 맴돌며 한참 머문다.

'푸른 도나우 강' 의 경쾌한 왈츠 곡 리듬이 나의 콧바람을 일으킨다. 빙글빙글 돌아가는 드레스 자락에서도 춤바람이 일어난다.

화사하게 핀 영산홍 꽃무리들도 하늘거리는 바람의 유혹을 피하려는 듯 고개를 살며시 돌린다. 어떤 꽃은, 꽃을 피워낸 보람도 없이 땅에 널브러져 있다. 마치 교통사고를 당한 사람의 모습처럼….

나의 마음에도 꽃바람이 인다. 덩달아 심연처럼 나를 지켜주던 마음도 일렁인다. 헛바람이 들었을까? 책 한 권을 읽어내지 못하고 앞뒤로 페이지만 넘기며 종이 바람만 일으킨다. 눈은 커튼 사이로 스미는 바람결을 쳐다보며, 허파에 바람이 들었는지 의미 없는 웃음을 입안에 가득 머금고 실실거린다.

요즘 사회의 통념이 바뀌면서 노인들 간에 행복바람, 사랑바람이 일고 있다. 벨트로 졸라맨 바지 허리춤으로, 겹겹이 입은 앞가슴의 여민 옷깃으로, 있는 듯 없는 듯 실바람이 스며든다. 남쪽에서 불어오는 마파람일까? 하늘하늘거리는 하늬바람일까? 바람의 흔들거림에 맞추어 발을 들었다 놓았다 두둥실 춤바람으로 마음을 잠 재워본다.

언제부터인지 건강을 챙기려고 노력하는 열풍이 온 나라에 거세게 몰아치고 있다. 많이 움직이고, 덜 먹으려고 모두 안간힘을 쏟고 있다. 마음이 내킬 땐 나도 그 대열에 끼어서 밖에 나가 걸어본다. 순간 가슴에 섬뜩한 바람이 몰아친다. 내 앞으로 이상한 모양을 한 여성 두 명이 나란히 걸어온다. 머리카락이 꼿꼿이 선다. 사람이 죽었을 때 염을 한 얼굴에 흰 면포를 씌운 것과 같은 무서운 얼굴들이다. 희뿌연 한 색 모자를 썼고, 회색과 연 핑크색 옷감으로 얼굴 전체를 감싼 것이 흡사 흉물처럼 보였다. 석양 무렵이라 거리는 더욱 을씨년스러웠다.

오토바이로 물건을 배달하는 젊은이들도 가면을 쓴 해적처럼 얼굴과 머리 전체를 감싸고 눈만 반짝인다. 해안가이니 바람이 세차기 때문인가 보다. 꽁무니에서 냄새나는 기름바람을 일으키고 굉음을 내며 잽싸게 달린다.

이른 봄에 큰 마음먹고 산행을 했다. 오랜 가뭄에 낙엽들이 배가 고팠는지 바스락 거린다. "낙엽은 날갯짓 소리와 여자들의 옷자락 소리를 낸다."고 표현한 프랑스 시인 '구르몽'의 시 구절이 떠오른다. 그렇다. 새들의 날개 치는 소리도 바람을 일으킨다. 옛날 즐겨서 입던 풀 먹인 남자들의 핫바지 가랑이와 여자들의 치맛자락에서도 바람소리가 났었다.

동서고금을 막론하고 정신적으로 높은 경지에 오른 사람들은 자연과 통하는 면이 있었던 모양이다. 화담 서경덕 선생도 그의 시조에서 '지는 잎 부는 바람에 행여 그인가 하노라' 하며 바람에 지는 낙엽 소리를 여인의 기척에 비유한 바 있다.

바람은 강도에 따라 그 소리도 묘하게 들린다. 깊은 겨울 밤 전신주를 울리는 세찬 바람은 귀신을 몰고 오는 소리 같기도 하다. 우리 집이 위치한 곳은 바다가 바로 앞에 보이는 전망 좋은 곳이다. 평온한 날씨엔 그지없이 좋다. 하지만 베란다

유리창 문을 때리면서 위–잉 위잉 태풍처럼 거센 바람이 꾸중 듣는 어린 아이처럼 겁에 질려 떨기도 한다.

남자들은 경제적으로나 시간적으로 여유가 생기면 바람을 피운다는 이야기도 있다. 아마 그것도 꽃바람이었을 게다. 여자들은 치맛바람에 치맛자락을 휘날리며 감싸 안기도 했다.

요즘은 여성들도 당당해져 참는 것만이 미덕이 아님을 강조하며 맞바람을 일으키기도 한다. 이혼의 바람도 거침없이 몰아친다.

하지만 바람은 바람으로 막을 수 없다. 살랑살랑 불어오는 봄바람은 가슴으로 안아주고 눈을 부릅뜨고 달려드는 태풍은 재빠르게 대처하며 피할 수밖에.

바람은 오래 머물지 않는다.

어딘가 목적지를 향하여 곧 떠나버린다.

바람은 무슨 색깔일까?

겹겹이 곱게 갖추어 입은 황진이의 치마 속으로 박진사의 마파람이 스며든다.

변덕스러운 마음

은은한 향을 풍기던 쟈스민 꽃 잎새들이 단풍들기 시작하더니 어느새 한 잎 두 잎 베란다에 나뒹군다. 불변하는 자연의 섭리에 따라 나의 마음도, 모습도 퇴색되어 가는 것 같다.

이 가을에는 새로운 서식지를 향하여 떠나는 철새들의 여정에 끼어들고 싶다. 엊그젠 봄과 가을에 철새들의 중간 기착지인 넓게 펼쳐진 강화 갯벌을 다녀왔다. 무채색의 텅 빈 갯벌, 좀 을씨년스러웠지만 깊은 상념에 젖어 들었다. 덤덤하게 마음을 풀어 내보려고 했다.

나이가 들어 갈수록 옛 오솔길처럼 좁아드는 마음에 스스로 안쓰러움을 느낀다. 부드럽고 따뜻한, 온유한 성품이길 바라지만 그렇게 되지 않는다. 비좁은 가슴 속이 욕심으로 가득 차 스스로 불만스럽기도 하다. 마음속에 자리한 희, 노, 애, 락의 감정이 원활하게 조화되지 못함 때문이리라. 뜬구름 잡는 꽃의 향기처럼 조건 없이 아름다운 마음을 뿜어내었으면 좋으련만….

우리를 힘들게 하는 것은 감정이다. 이런 일 저런 일에 매이다보면 변덕스러운 마음에 이끌리게 마련이다. 그러기에 늘 혼돈하려 하고 비만해지려고 하는 정서 반응에 흔들리지 않아야 한다. 그러나 매 순간 나의 변덕스러운 마음은 바람처럼 종잡을 수 없이 앞서가기만 한다. 보도블록 사이에 허리를 굽힌 작은 노랑색 들꽃에 시선을 빼앗긴다. 메말라 가는 모양새가 가엾다. 나이 들어가는 나의 마음과 비교되니 서글퍼진다.

우리의 마음도 휴식이 필요하다. 마음의 성향은 성품이라고 생각된다. 깨어진 그릇엔 좋은 재료를 담을 수 없다. 우리가 어떻게 마음먹느냐에 따라 결과는 천양지차이다. 마음이 멀어지면 몸도 멀어지지 않던가. 한 달에 한 번이라도 굳어져 있는 마음의 플러그를 뽑아 전등을 끄고 대신 촛불을 밝혀 보자. 그 빛 속에서 두 손 모아 기도하면서 언짢은 마음을 삭여내고, 변덕스러운 마음을 잠재우고 싶다. 매일 새로운 마음가짐으로 새 날을 맞이할 수 있으면 얼마나 좋을까.

사람 닮은 어미 향기

잠결에 신음소리 같은 미미의 괴로운 기척을 느낀다.

옛날 초혼시절 애기가 울려고 폼 잡는 소리에도 눈이 반짝 뜨이던 것처럼 내 귀가 쫑긋 세워진다.

수컷은 침대, 소파, 식탁 모서리, 문기둥에 소변을 뿌려대며 영역을 표시하는 것이 싫어서 암컷인 미미를 키우고 있다. 생후 1년이 지났을까. 철모르는 여자아이들처럼 몸엣 것이 나온다. 아기들 기저귀 모양의 멘스 대를 채워 주니 떼어내지도 않는다. 신기하다. 폴짝 폴짝 뛰지도, 까불지도 않는다. 금방 성숙해진 느낌을 준다.

그런데 문제가 생겼다.

며칠 집을 비운 사이 둘째 아들이 미미에게 남자 친구를 만나게 하여 임신을 시켜놓은 것이다. 겨우 1년 4개월밖에 되지 않은 작고 어린 것에 몹쓸 짓을 시켰다고 화를 내어도 소용없었다. 측은한 눈빛으로 바라보니 죄를 지은 것처럼 곁눈질로 나의 시선을 피한다. 며칠을 지나더니 천방지축 귀여움 떠는 모습이 여전하다. 태교 차원에서 FM 음악방송을 듣게 해 주고 집을 나섰다.

1개월이 지났는데 배가 제법 부르다. 사람은 10개월 가까이 되어야 출산을 하지만 개는 2개월 만에 새끼를 낳는다고 한다. 뱃속에 있는 기간이랑 수명을 사람과 비교해 보니 새끼를 품고 있는 것과 세상에 머무는 기간이 우리와 거의 비례한다.

예정일 1주일 전쯤 동물병원에 가서 초음파 검사를 했다. "두 마리가 보이네요. 애기가 애기를 낳겠어요." 하며 미미에게 윙크해 준다. '육류 고기는 먹이지 마라, 칼슘섭취에 신경써 주라.' 고 일러준다.

유난히도 더운 여름 날씨에 미미는 반달을 품은 듯 한 배를 안고 걸음도 뒤뚱거린다. 힘든 빛이 역력하다. 엘리베이터에서 보았던 등은 한껏 휘어지고 남산만한 배를 안고 있는 임산부 모습에서, 지워져 버린 나의 모습을 떠올려 본다.

새끼 낳는 예정일이 내일이다. 그동안 여러 병원에 궁금한

점을 물어봤고 만약에 대비하여 24시간 운영하는 곳을 찾아 명함도 받아 놓았다.

예정일 새벽녘이다. 신음소리를 듣고 거실에 나가보니 새끼 1마리가 거꾸로 나와 앞발과 위 몸통이 걸려서 멈추어 있다. 급한 마음으로 힘을 다하여 몸을 힘껏 잡아당겼다. 마치 와인 병마개가 빠질 때와 같이 펄 소리를 낸다. 새끼의 몸은 싸늘하다. 혹시나 숨이 돌아올까 하고 포대기에 새끼를 싸놓았다. 명함에 적혀 있는 병원번호를 여러 번 찍어보아도 받지 않는다. 하는 수없이 단잠에 들어있을 아들을 호출 하였다. "제가 남은 새끼를 처리할 터이니 좀 더 쉬세요."하며 나가는 아들의 등에 대고 제왕절개하게 되면 자궁도 들어내라고 일렀다.

병원에서 전화가 왔다. "딸을 낳았어요. 축하드립니다." 손녀를 얻었을 때와 똑같은 인사말이다. 오후 3시가 지나거든 찾으러 오라고 한다. 비용을 물어보니 한 마리니까 35만원이란다. 병원에 갔다. 작은 어미가 새끼에게 젖도 잘 물려주고 잘 챙긴다고 칭찬해 준다. 앞으로 항생제 치료를 두 번 받아야 된다고 한다. '주의사항 : 오늘 금식, 내일은 미역국에 고기 등 영양을 충분하게, 에어컨 금물, 밖의 온도와 비슷한 실내 온도유지.' 우리인간의 산후 몸조리와 같아 이해는 되지만 왼 미역국까지… 시큰둥해진다.

새끼들은 모두 귀엽다. 눈도 뜨지 않은 것이 젖은 잘도 빨아 당긴다. 새끼에게 젖을 쉽게 먹이기 위하여 힘들게도 한쪽 다리를 번쩍 들어 올리고 있다. 또한 목욕시키는 것처럼 혀로 몸 전체를 닦아 준다. 젖을 먹는 동안엔 오물도 어미가 뒷정리한다. 젖 먹일 때 누런색의 변이 손에 묻어도 더럽게 느껴지지 않았던 나의 육아 기억을 떠올리니 웃음이 절로난다. 엄마들의 마음은 같은 가보다. 우유나 간식거리를 주면 새끼에게 먼저 양보하였다가 나중에 먹어치운다. 몸을 단련시키기 위하여 각 부위를 아프지 않도록 물어주며 장난치기도 한다. 새들이 새끼들을 교육시키기 위하여 적당한 시기가 되면 둥지에서 밀어내는 것처럼.

그동안 나는 미미를 혼자 집에 두고 다닐 뿐 아니라 제대로 눈길도 주지 못했다. 내 마음 편하자고 미미 모녀를 함께 키우기로 마음먹는다. 그러나 두 마리 미용 및 사료비, 오물 패드비 등 만만치 않은 지출이다. 아프리카 난민 어린이 3명의 한 달 생활비가 넘는다. 멈칫거려진다. 그간 어미에게 미흡했던 배려의 보상심리와 강아지 모녀의 귀여움이 나를 즐겁게 했던 기억을 뒤로한 채, 마음을 흔드는 울림에 귀를 기울인다.

요사이 개를 호적에 올리는 나라도 없지 않다지만, 나에게는 어쩐지 애견가라는 말이 늘 어색하기만 하다.

사모곡

어머니-이! 소리쳐 불러 봐도 대답이 없다.

나이 들어 이제야 어머니의 깊은 속내를 조금은 알 것 같다. "너는 이토록 애타게 보고 싶은 딸이 없으니 좋겠다."고 하시던 말씀이 오늘따라 목에 걸린 가시처럼 되새겨 진다. 나이가 드시고 활동반경이 좁아지면서 그리운 딸 생각이 머리와 마음속에 가득하셨던가 보다.

남동생 넷에 하나뿐인 이 못난 딸을 부모님은 끔찍하게 거두어 주셨다. 어쩌다 일하는 사람이 없으면 청소는 남동생들의 몫이었다. "누나는 공주이고 자기들은 머슴이다."라고 불평하면서도 으레 자기들의 할 일인 양 척척 해냈다.

어머님은 가끔 여자가 지킬 덕목을 이야기해 주셨다. "항상 얌전한 몸가짐에 신경을 써라. 남의 어려움을 보고 못 본 척 하지 마라. 성내기는 더디게 하라. 남의 말을 들은 후에 네 의견을 이야기하라. 매사에 너무 나서지 마라."는 등 교육시간이 따로 있는 것이 아니라 당신 무릎에 나를 눕히시고 귀지를 파주시면서, 고등학교 다닐 때엔 긴 머리를 땋아 주시면서 수시로 깨우쳐 주셨다.

대여섯 살 때엔 배 아프다고 엄살 부리며 어머님 특유의 노래가락인 "배야 배야 무슨 배냐 자라 배다, 무슨 자라 업자라, 무슨 업 솔 업, 무슨 솔 다박솔, 무슨 다박 살구 다박, 무슨 살구 개살구, 무슨 개 버들 개, 무슨 버들 칡 버들, 무슨 칡 방아 칡, 무슨 방아 물레방아, 무슨 물 한강 물, 무슨 한강 똥 한강" 하시며 내 배를 쓸어내려 주셨다. 이러한 동작이 끝나는 것이 아쉬워 어머니 손위에 내손을 얹어 계속하시기를 바랐다. 그러나 노래 속 푸념이 두어 번 끝나기 전에 나는 잠속으로 빠져들었다고 한다. 커가면서 여쭤보니 외할머니에게 전수받은 가락이라고 하셨다.

늦은 나이에 결혼할 딸의 혼수품을 스물한 살 무렵부터 준비하면서 즐거움을 삼으셨던 것 같다. 콧마루가 날렵한 버선을 만드시곤 "이것 신어보아라, 저 옷 입어보아라." 귀찮게도 하셨다. 입혀 놓으시곤 보름달을 가슴에 안으신 듯 환한 미소를 지으시던 모습이 떠오른다.

결혼식 전날 밤엔 나의 손을 잡고 신부 수업에 따른 이야기를 해 주시기도 했다. 겸연쩍어하는 저의 등을 다독여주시며 남편의 자존심을 받들어 주라고 당부하셨다.

아이들 낳을 때마다 돌봐주시고, 일 년에 한 두 번씩 오셔서 김장, 이불 빨래, 된장 · 고추장 담그기 등 쉴 짬 없이 딸의 부족함을 채워 주시던 어머니! 항상 웃음을 입에 달고 계시니 어른이나 아이들 모두가 함께 있기를 좋아 했다. 손아래인 시동생들도 어머니가 오시면 어머니라고 부르며 모여들었다. 어머니 바람은 무슨 바람이기에 그렇게 사람들을 몰고 다니셨을까?

모든 일에 적극적이며 영민하시던 분이 나이가 드시면서 생각의 폭이 좁아져 단순한 면을 드러낼 때엔 가슴이 저려왔다. 아침저녁으로 전화로 "밥 먹었니? 기회 보아 한번 만이라도 올라 왔으면 좋겠구나." 하시며 그리움을 전하셨다. 힘이 쇠잔해 지셨던 어머니를 생각하면 지금도 파란색 눈물이 뚝뚝 떨어진다.

불현듯 뵙고 싶은 마음에 계획도 없이 서울행 열차를 타고 전화를 드리면 "조심해 오거라"고 한 옥타브 높인 들 뜬 음성이었다. 올케에게는 "네 형은 잡채를 좋아한다."고 하시며 이것저것 많은 음식을 주문하셨다고 한다. 아예 베란다 중심에 있는 화분들은 치우고 의자를 가져다 놓고 자리를 잡고 계시다가 딸이 눈에 보이면 손을 내어 흔드셨다. 오매불망 딸을 그리워하시던 그 마음을 헤아리지 못한 나는, 일이 바쁘다는 핑계만 늘어놓는 불효를 저질러 왔던 것이다. 전화로 음성을 들려드리는 것만으로 어머니에게 최선을 다 한양 무심히 지나쳤던 일들이 가슴에 맺혀 있다.

베풀어 주신 사랑에 십분의 일도 보답하지 못한 나! 이제 나이가 들어가면서 뒤 늦게 철이 드니 안타깝기 그지없다.

90세 되신 아버지가 70세 된 아들을 걱정하듯 부모들 앞에서 자식은 마냥 어린애로 여겨지는 것은 본능인가 보다.

오늘 따라 어머니 모습이 그리워 사진첩을 열어 본다. 옛날 분 답지 않게 색안경을 끼고 폼 내신 멋진 모습이며, 외손자들과 윷놀이하며 환하게 웃음 짓는 모습, 그리고 동생 등에 업힌 애기 같은 모습을 보며 눈시울이 뜨거워진다.

때론 엄한 선생님처럼, 때론 언니나 친구처럼, 조언을 아끼지 않으며 품어 주셨던 어머니, 어머니-이! 아무리 큰 소리로 불러보아도 그 부르짖는 소리는 허공에서 또 마음속에서 맴돌 뿐이다.

새끼손가락에 거는 마음

마음은 우리의 모든 정신활동의 근원이다.

때때로 변하는 마음에 따르다 보면 뜻대로 살지 못하는 경우가 많다. 우리의 마음은 자신의 의지와는 달리 환경과 때에 따라 많은 문제들을 접하게 된다. 그 색깔도 다양하게 느껴진다.

일곱 가지 무지개 색 말고도 순백의 깨끗한 마음과 몹시 깜깜한 검은색도 자리할 것이다.

나는 거의 매일 벽을 장식하고 있는 안개꽃 그림을 바라보며 애정 어린 시선으로 교감한다. 이 그림은 마치 옹알이하는 아기들의 티 없이 맑은 모습처럼 온통 나의 정신을 사로잡는다. 서로 어우러져 이뤄낸 화음이 마음을 평화롭게 이끌 뿐 아니라 때론 연민의 정을 느끼게도 한다. 6월에 잠깐 피었다가 지는 핑크색과 빨강색이 믹스된 화려한 모란꽃도 좋다. 그러나 있는 듯 없는 듯 자리한 안개꽃이 더욱 매력적이다.

화려한 색상의 옷이 눈에 반짝 뜨이긴 하지만 그 옷의 잔상은 오래 머물지 않는다. 그렇지만 무채색의 세련된 차림은 마음을 편안하게 이끌며 시선을 붙잡는다. 물론 각 사람의 개성에 따라 다르겠지만, 이 또한 내 마음이 빚어낸 특성이리라.

어떠한 문제를 부닥치게 되면 감정적인 반응보다 이성적인 판단을 앞세워야 한다. 뜨거운 가슴만으로는 합리적인 답을 얻어 낼 수 없기 때문이다. 나는 살아가면서 사사로운 일에도 분별력이나 판단력을 잃고 혼란스러움에 빠져들기도 한다.

활달한 성품을 지니셨던 어머니께서는 여자는 자신의 속내를 쉽게 밖으로 들어내선 안 된다고 종종 주의를 주셨다. 남자 형제들 틈에 자라나는 딸이 말괄량이가 될까 염려하셨던 모양이다.

우리는 관계 속에서 살아가고 있다. 서로에게 영향을 끼치며, 상호 접촉하면서 살아간다. 토양이 나무나 식물에 영양분을 주어 성장시키듯 직장이나 사회 속에서 서로 껴안고 부대

끼면서 일상을 맞이한다. 이러한 인간관계는 바쁘게 월동 준비하는 개미떼들의 이동과 마찬가지로 자신을 지키기 위한 마음 씀씀이의 한 현상이다.

우리의 마음은 양면성을 지니고 있다. 순한 양이 되기도, 간교한 여우가 되기도 한다.

때론 내 마음도 뾰족해져서 곁의 사람들을 까칠하게 찌르는 경우가 있다. 자신이 잘못 하고 있다는 것을 알면서도 반복하여 일을 저지르기도 한다. 명암이 고르지 못한 나의 속내가 문제라고 생각된다. 음식의 재료는 발효시켜 좀 더 건강을 지키려 하는 우리네 인간이지만, 한편으론 죽을 때까지 자신의 마음 씀씀이는 삭혀내지 못하는 미완성 작품임을 어찌하랴!

우리는 이야기 도중에 "내 마음 나도 모르겠어."하고 애매하게 말 꼬리를 흐릴 때가 있다. 이렇듯 내 마음조차 알 수 없는데 하물며 다른 이의 마음을 헤아린다는 것은 쉬운 일이 아니다.

유행가의 가사가 떠오른다.

바닷가 모래밭에 손가락으로 그림을 그립니다. 당신을 그립니다./ 코와 입 그리고 눈과 귀 턱 밑엔 점하나, 입가엔 미소까지도 그렸지만, 음~ 음/ 마지막 단 한 가지 못 그린 것은 지금도 알 수 없는 당신의 마음.

많은 생각을 낳게 하는 기찬 노랫말이다.

마음의 공간을 집안 정리하듯 지저분한 것은 쓸어내고 가구처럼 새롭게 배치할 수 있었으면 좋겠다. 마음에 끈끈이로 붙인 듯 착 달라붙어 있는 이기심은 뭉개버리련다. 남을 배려하고 섬기는 아름다운 마음을 거실의 한가운데 앉혀 놓고 싶다.

온갖 구질구질한 생각으로 가득한 보따리를 들어내고 그 자리를 세상에 부대끼지 않은 온실의 묘목으로 가득 매우고 싶다.

애벌레가 나비가 되어 활개 치며 하늘을 날 듯, 나의 잡스러운 마음의 허물을 훌훌 벗어 버리면 얼마나 좋을까? 솔밭의 신선한 향기로 가득한 자작나무 숲을 걸으며, 조잘거리는 새소리로 마음의 평정을 누리고 싶다.

나는 다짐한다. 이런 편안한 마음으로 좋은 글을 많이 써야겠다고… 내 새끼손가락에 마음을 언뜻 걸어본다.

행여 생각만 앞서는 것이 아닐까 하는 두려움을 느끼면서….

세월의 수레바퀴

되돌아보니 지나간 시간들이 유행 패션의 실루엣처럼 가슴에 물결쳐 온다.

고희를 뒤안길로 접어둔 남편도 젊었을 때에는 탁구공을 받아칠 정도로 피부가 탱탱했었다. 어느 사이 실주름을 이루어 가더니 점점 굵은 물결로 굳게 자리매김해 간다. '나는 그렇지 않겠지' 하면서 거울을 들여다본다. 순간 타인의 모습을 보는 것 같아서 흠칫 놀랜다. 왜 이렇게 망가졌을까, 내 얼굴이! 거울을 팽개친다.

하지만 신의 섭리에 감탄할 수밖에 없다. 우리 인생의 질서를 위하여 생과 사를 적절하게 안배해 놓았으니 말이다.

곁에 있는 국화꽃 화분에 시선이 머문다. 싹이 흙을 비집고 뾰족하게 올라와서 신비함을 안겨주더니, 어느덧 꽃대가 쑥 솟아나 잎을 무성하게 피우며 꽃망울을 맺는다.

갓 태어난 아기의 몸짓이 눈에 선하다. 고목에 파릇한 새 순이 돋아난다. 달걀이 부화하면서 병아리가 몸을 추스르며 일어선다. 이렇듯 새로 태어남은 모두 신비롭다.

피어나고 태어나서 석양의 황홀한 빛이 쇠하여 지면 모두 사라져 간다. 오 헨리의 단편 '마지막 잎 새' 도 뇌 속의 그림으로 연상된다.

어느 때부터인가 매사에 도전적이며 호기심을 자아내던 남편도 이제 조용히 머물러 있기를 좋아한다. 호기심이 사라지는 순간부터 노화가 시작된다고 하는 말이 맞는 것인가 보다.

빅터 플랭클은 그의 책 《의미 있게 산다는 것》에서 의미 추구만이 우리의 일과 삶에서 필요로 하는 진정한 풍요와 보람을 줄 수 있다고 지적했다.

가끔 왜 사는지 무엇을 위한 삶인지, 깊은 생각에 머물기도 한다. 그러나 혼란스러울 뿐 답은 얻어내지 못한다.

우리의 일상을 개미 쳇바퀴에 비유하기도 한다. 아마도 일상의 되풀이, 그 시작과 끝이 없다는 표현일 것이다. 하루하루 연결되는 나날들에 유연하게 적응할 수밖에 없다고 판단

된다.

가끔 나에게도 나이를 묻는 이가 있다. 즉시 답을 하지 않고 잠시 멈칫거린다. 나이는 숫자에 불과하다고 힘주어 말하면서도 그 헛소리에 스스로 주눅이 들기 때문인 것이다.

요즘은 눈을 깜빡하는 사이에 하루가 지나간다. 젊은이들도 같은 마음일까 물어보기도 한다. 그네들도 월요일인가 싶더니 돌아서면 토요일이라고 한다.

삶의 의미도 찾기 전에 달아나는 시간에 묻혀있다 보면 세월이 훌쩍 가버린다. 서양 사람들의 동적인 '쏜살' 과 동양인의 세월은 '유수' 와 같다는 말을 실감케 한다.

하루가 다르게 쑥쑥 자라는 아이들 모습에 비하면 우리의 늙어 감은 그토록 한탄스러운 일만은 아니다. 기분 좋게 순리대로 적응 하면서 나머지 인생을 삶의 방정식대로 살 수 밖에.

나는 즐거운 마음으로 매일 출퇴근 한다. 남편은 심기가 불편할 때에는 나이 값을 하라고 가끔 기분을 긁어 놓을 때도 있다. 가끔 저항감을 느끼며 아직 그토록 늙지 않았다고 크게 외칠 때도 있다. 그래서 몸이 불편해도 좀처럼 내색을 하지 않으려고 애를 쓴다. 언제부터인가 오른쪽 팔꿈치에 원인도 알 수 없는 통증이 느껴지며, 자신도 모르게 자꾸 손이 짚어진다.

병원을 찾았다. 의사는 인대가 늘어났다고 한다. 팔을 한 달간 조심하여 사용하고 심하게 아플 때에는 주사와 약으로 치료할 수밖에 없다고 한다. 의사는 처방전을 적으면서 지금은 신체의 건강치 못한 부분을 볼링만 잘 해준다면 100세도 거뜬하게 살 수 있다면서 눈웃음을 짓는다.

어느덧 세월은 흘러 추녀 끝에서 내린 빗물이 도랑물을 이루고 도랑물이 시내를 이룬다. 시냇물이 흐르고 흘러서 강물을 이루어 가듯이 우리도 인생의 종점을 향하여 흘러가고 있다.

'과연 나는 후회 없이 잘 살았노라고 소리치면서 사라져 갈 수 있을까' 생각하면서 오늘 아침도 종종 걸음을 치며 사무실로 가고 있다.

오래 전의 일이다. 평소에 먼발치에서 눈인사 하는 정도로 아는 사이다. 나를 찾아와 딸의 이야기를 장황하게 늘어놓는다
하고 예쁘게 생긴 딸의 사진도 보여준다. 서울 명문여대를 졸업했고 재주가 많은 딸인데 아예 결혼은 하지 않겠다고 하니
아프다고 했다. 아마도 자기 가슴을 열어보면 숯검정이 되어 있을 것이라고 하면서 가슴을 친다. 수녀원에 딸을 보내기 위
을 주문하는 것이 아닌가. 두꺼운 털실로 짜 가지고 온 연청색 상의 2개를 안감 넣어 줄 것과 편안한 모시 바지 3개의 맞
탁한다. 자기 딸 혼수이니만큼 다른 사람에게 맡기지 말고 직접 지어주면 사례는 톡톡히 주겠다고 재차 부탁하며 일어선
후, 한복집을 들러 왔다고 보따리를 꺼내며 큰 가방을 연다. 편안한 속바지, 동치기, 반짇고리엔 가위 실 바늘 솜옷 등 온
살림으로 가득하다. 이제 거의 준비가 되어 간다고 혼자 말처럼 내 뱉는다. 패물만 빼곡을 뺀 이불, 메리야스로 된 속옷 종류
금도 처지 않게 마련했다고 아쉬운 듯 어두운 그늘을 내 비치며 숨을 고른다.

제3부

옷과 여인들

절기는 어느새 소슬한 바람이 새벽잠을 깨운다. 계절의 변화는 우리 여성들 옷차림에서 시작된다고 생각한다. 그런데 요즘 초겨울 날씨인데도 밍크코트로부터 시작되어 세상이 떠들썩하다.

'옷 로비 사건' 진상규명 청문회가 중계되자 남자들은 술안주로, 여자들은 식탁 반찬 삼아 각자의 느낌을 이야기하기 바쁘다. 이 청문회에 고관, 재벌부인들과 파출부 아주머니까지 등장하는데 주연급 4명의 증인 대질심문이 열렸을 때는 드라마 못지않는 흥미와 관심을 끌었다.

법조 출신 의원님들의 날카롭고 거듭된 질문에도 끝내 진실을 확인하지 못한 채 의혹이 더 부풀려졌다. 진실규명을 하자고 마련한 자리인데도 여야 의원들은 당리당략에 따라 쟁점을 앞세워 그만 청문회의 본뜻을 흐리게 하지 않았나 싶다. 게다가 4인 여장부들은 서로 떠넘기기, 도래질 하기, 눈물짓기, 심지어는 하나님을 들먹이며 당당히 부인을 한다.

그러나 청문회는 진실을 캐내진 못했지만 성과는 있었다고 생각된다. 우리나라가 민주 개방사회임을 알렸으며 어떤 사건이라도 시간이 걸릴 뿐 진상은 밝혀진다는 것을 국민들이 느낄 수 있었다는 점이다. 또 흥미 있는 것은 '부부란 오랜 세월 살아가다보면 모습도 성품도 닮아간다' 는 옛말을 떠 올리게 된다. 특히 아내는 남편의 직업에 따라서 성품이 비슷하게 변한다는 일면은 퍽 재미있다. 주인공 4명은 장관, 재벌부인에 옷 만들어 장사하는 경영자들인데, 이들 증언 태도를 보면 A씨는 심약하지만 고집스럽고, B씨는 차게 보여 바늘로 찔러도 피 한 방울 안나겠으며 C씨는 꼿꼿하며 도도한 마님자세였으며, D씨는 약삭빠르면서도 끈질긴 모습이 남편들의 직업적 속성이 잘 드러난 태도라고 관찰되었다면 잘못 표현된 것일까.

남편을 무슨 수를 써서라도 구명하려는 아내의 심경, 친밀한 친구를 도와주려는 마음, 좋은 옷을 입어 보려는 여자의 허영심, 어떻든 팔아넘기려는 장삿속 등을 이해는 할 수 있으나 IMF라는 국민적 불행을 겪는 형편에서 상류층 사람들이 분별력을 잃었다는 것은 심히 안타까운 일이다.

소생이의 눈물

오래 전 TV에서 본 광경이 뇌에서 지워지지 않는다.

기형으로 태어난 송아지의 이야기이다. 마음을 아리게 하는 내용 이었다. 꼬리와 생식기가 한 덩어리로 엉겨 붙어 태어난 측은한 모습이다. 배설을 할 수 없으니 암모니아 독으로 몸은 부어 있었다. 남산처럼 부른 배를 안고 괴로워하는 모습에 눈을 돌릴 수가 없었다.

수의사가 나타났다. 3일은 지낼 수 있지만 앞으로 힘들어하는 모양을 어떻게 보겠느냐고 안락사를 시키라고 한다. 주인은 넋을 잃고 주저앉는다. 곁 사람들의 조언과 위로를 받으며 마음을 가다듬고 송아지를 달구지에 싣고 동물농장을 찾아

나섰다.

수의사는 급히 서두르며 응급처치를 해야 한다고 나무판 위에 눕힌다. 마취도 할 수 없는 상태이기에 그대로 수술을 시작했다. 꼬리 밑을 칼로 잘라내니 속에 쌓여 있던 대변이랑 오물들이 쏟아졌다. 생식기를 임시로 채워놓고 병원으로 옮긴 후 완전하게 생식기도 만들어 주며 정성을 기울였다.

일주일 후에 퇴원해서 집으로 왔다. 어미도 새끼를 알아보곤 어찌할 줄을 모르고 서성인다. 어미의 젖을 무는 순간 눈물방울이 얼굴에 맺히면서 운다. 그 모습에 나의 가슴속에서도 뭉클한 것이 맺히는 것 같았다.

어떤 의미의 눈물일까? 순히 살았다는 얕은 생각과 어미의 젖을 먹을 수 있다는 기쁨도 작용했겠지만, 한 차원 높은 눈물일 것이라고 느꼈다. 자식처럼 정성을 다하여 목숨을 살려주었기에 앞으로 주인에게 충성을 다하리라는 다짐의 눈물이 아닐까 하는 생각이 들기도 했다.

우리 사람들은 은혜를 악으로 갚는 경우가 많다. 화장실 갈 때 마음과 돌아 올 때의 마음이 다르다는 얘기는, 온전치 못한 사람들의 마음을 비꼬는 표현이다.

소박한 소 주인은 순수한 해바라기 꽃처럼 활짝 웃는다. 정이 물신 묻어나는 눈빛으로 송아지를 어루만지면서 이놈이

다시 살아났기에 '소생이'라고 이름을 지어 주었다고 한다. 앞으로 팔지도 않을 것이고 여생을 이놈과 함께 살 것이라고 힘주며 말했다.

아마도 아저씨와 소생이는 사랑의 눈빛과 느낌, 서로 마음과 마음이 통하여 어느 연인보다 더 깊은 정을 쌓아 갈 것이다

소의 정신세계는 사람만큼 복잡하지 않지만 자신들의 운명에 대한 느낌은 감지한다고 한다. 어떤 때에는 주인이 소시장에 보낼 마음을 알아차리기라도 하는 듯, 여물도 제대로 먹지 않고 눈길 마주침을 피한다고 한다.

헌신적으로 돌보는 어머니의 사랑으로 장애를 디딤돌로 딛고 우뚝 선 이들도 있다.

네 손가락의 피아니스트인 '이희아'가 수년 전 우리 Y의 초청으로 피아노 연주회를 가졌었다. 키도 제 나이에 비하여 훨씬 작지만 네 손가락으로 건반을 두드리는 손놀림은 정상인 수준이었다. 그때 그 어머니와 대화를 나눈 적이 있다. 딸아이 눈을 피하여 울기도 많이 울었다고 한다. 칠년을 피아노와 씨름시킨 결과로 사람들 앞에 연주를 하는 것이라고 눈물겨운 이야기를 하며 눈시울을 적셨다.

우리의 재능은 인내심을 가지고 개발하기에 따라서 무한대

로 발전시킬 수 있다고 생각된다.

일본 사람인 오토다케 씨도 다리와 팔이 없이 태어났다. 커가면서 팔과다리가 10센치미터 자라났기에 모든 것에 능동적으로 나설 수 있었다고 한다. 그의 어머니의 초인적인 사랑과 본인의 노력으로 장애를 뛰어 넘게 되었고, 못하는 운동이 없다고 한다. 그는 잘생기고 못생긴 얼굴보다도 '환한 얼굴로 사는 것' 이 중요하다고 이야기하는 본인의 말처럼 깔끔하고 환한 모습에 정감이 간다.

영국의 오페라 가수인 폴포츠도 가상하다. 지난 일월 세종문화회관에서 열린 공연을 의미 깊게 듣고 보았다. 자신의 어려웠던 무명시절을 떠올리며 어려움에 처해 있는 청소년들에게 유례없는 희망을 전달한다. '꿈을 포기하지 마세요.' 라는 메시지를 끊임없이 심어준다. 또한 시각장애를 극복한 천재 피아니스트와의 연주로 펼쳐지는 아름다운 소리의 향연은 더욱 감동적이었다.

이들의 열정적인 모습이 우리 삶의 활력소 역할을 한다.

아마 소생이도 주인을 향한 꿈을 이루려고 온갖 마음을 다 쏟아낼 것이다. 엉덩이를 간질이는 날 파리를 꼬리로 툭툭 쳐내며 '음매' 하고 오늘도 살아 있음에 감사하지 않을까!

쓰나미의 교훈

글로벌 시대! 일본의 다급한 소식들로 인하여 지금 지구촌 각 민족들은 촉각을 곤두세우며 긴장하고 있다.

색깔마저도 무서운 검푸른 해일의 띠가 삽시간에 도시를 삼켜버렸다. 그나마 동작 빠른 사람들은 건물 옥상으로, 나무 위로 올라가 나뭇잎 사이로 얼굴만 보이기도 한다. 해일이 덮쳤던 초토화된 도시는 아수라장이다. 지붕 위에 사뿐히 올라앉은 배와 자동차는 마치 한 폭의 그림 같고, 수마가 할퀴고 지나간 자리들은 차마 눈뜨고 보기엔 안쓰러움마저 든다.

일본 열도의 쓰나미로 인한 참상에 가슴 아파하며 너도 나도 구호의 대열에 줄을 서고 있다. 더욱 가까운 우리나라는 우리의 몫인 양 정부를 비롯하여 학생들까지도 일본을 돕자고 외치며 모금운동을 펼치고 있다.

마땅히 도와야 될 일이다. 하지만 이번 기회를 빌미로 일본인들의 고질화된 한국인에 대한 인식에 변화를 이끌어 내었으면 좋겠다. 그네들의 어려움을 보면서도 나의 순수하지 못한 얕은 생각은 꼬리를 물고 늘어선다.

대단한 국민성을 지닌 일본이다. 그네들은 국가는 부자지만 개인은 가난하다고 들어오고 있다. 이번 사태에서도 개인의 이익 보다는 조직의 균형이 깨어질까 보아 개인의 감정은 내색하지 않는다고 한다. 물론 거듭되어온 자연재해로 내성이 생겼다 해도 그렇게 초연할 수가 없었다. 아름다운 질서를 보는 듯 차분한 그들의 의연한 모습에 삶의 지혜가 진하게 전해온다.

이번 사태에 대하여 우리나라 사람뿐만 아니라 이본인들마저도 이렇게 표현하는 이들도 있다. '과거 우리나라에 저지른 죄에 대한 천벌이라고.' 일본 압제 하에 있을 때 우리나라 명산마다 2m 되는 쇠말뚝을 박아서 우리 겨레의 정기와 맥을 끊었다고 한다. 똑똑한 사람들은 모두 죽이고 정신대며, 심지어는 생체실험 대상이 되는 만행을 저지르기도 했다. 어디 그뿐이랴. 한결같이 독도가 자기들 영토라고 주장하면서 35세대가 주민등록이 되어있다고 으름장을 놓기도 하였다.

항상 지나침은 심판을 받게 마련이다.

'미키' 라는 25세의 여공무원은 "쓰나미가 옵니다. 피하십시오. 피하십시오." 마이크를 잡고 자신이 물에 떠내려 갈 때까지 외치다 끝내 목숨을 잃었다고 한다. 오랫동안 산 자들의 가슴에서 물보라를 일으킬 것이다.

정년을 앞둔 59세의 원전 기술자는 "지금 내가 어떻게 하느냐에 따라 미래가 달라질 수 있다."며 현장으로 뛰어들었다고 한다. "처음에는 주저했지만 인생에 후회를 남기지 않기 위해 결정했다."는 말에 부인 역시 "시민들의 안전을 위해 힘내세요."하며 배웅했다고 한다. 이들 부부의 결단은 쉬운 일이 아니다.

일본열도는 쓰나미에 흔들리고 뭉개졌지만 일본인은 흔들리지 않았다. 6일 동안 굶고 노숙하면서도 의연한 자세를 보여주었다. 구호품을 달라고 다그치지도 않았으며 묵묵히 적응해 가는 모습들을 전해 들으며 가슴이 뭉클해짐을 느낀다. 훈련된 그네들의 초인적인 모습과 다혈질이고 참을성 부족한 우리네의 뒷심 없는 모습이 오버랩 된다.

천안함 폭침을 받은 지 1년을 맞았다. 그동안 우리는 얼마나 달라졌는지 점검해 볼 필요가 있다고 생각한다. 항시 마음

놓을 수 없는 북의 도발이나 쓰나미 같은 예기치 못한 일이 생긴다면, 우리도 침착하게 위기를 대처할 수 있을까 많은 생각을 자아낸다.

난민들은 침착하였다. 가족을 잃은 사람들은 조용히 울었고, 살아있는 가족을 만난 이들은 다른 이들을 생각하여 속으로 기뻐했다.

99세 된 할머니의 감동적인 시를 옮겨 적으며 함께 아픔을 나누고 싶다.

'피해를 당한 여러분께'

시바타 도요

아아 이 무슨/ 일인 걸까요/ 텔레비전을 보면서/ 그저 손을 모을 뿐입니다.// 여러분들 마음속엔/ 지금도 여진이 와서/ 상흔이 더욱 더/ 깊어지고 있을 것이라고/ 생각합니다/ 그 상흔에/ 약을 발라주고 싶습니다/ 사람이라면 누구나 느낄/ 기분입니다/ 나도 할 수 있는 일은/ 없는 것일까? 생각합니다./ 이제 곧 100세가 될 나/ 천국에 갈 날도/ 가까울 테지요./ 그때엔 햇살이 되어/ 산들바람이 되어/ 여러분을 응원하겠습니다/ 이제부터 괴로운 나날이/이어지겠지만/ 아침은 반드시 옵니다.//약해지지 마!!

애완견 미미

눈길을 보낼 수가 없다. 귀를 쫑긋 세우고 울타리 쇠 난간을 의지하여 껑충껑충 뛰면서 애교를 부린다. 미미가 나와 함께 지낸 것이 벌써 4개월로 접어든다. 미니종인 요크스테리어 이다. 바닥까지 늘어진 긴 털은 모양새가 잘 잡혀 있기에 멋스럽고, 귀엽고, 깜찍하다.

따뜻한 햇살이 창문을 뚫고 스며드는 봄날, 미미의 털을 빗질하며 눈을 의심했다. 털이 길어서 잘빠지지 않을 것이라는 기대가 무너진 것이다. 이 꽃 저 꽃 위에 유희하듯 나풀거리는 나비의 모습처럼 털과 먼지가 편을 이루어 나를 조롱하는 것처럼 눈앞에 아른거린다. 속이 상한다. 털을 깎아 줄 것이라고 마음먹고 동물병원에 전화를 하니 예약을 하란다. 2시에 가겠다고 하니 그렇게 하라고 한다. 웬 예약까지? 세상이 이렇게 바뀌었나? 서글픈 마음이 든다. 그간 다른 문화권에서 살아온 것처럼 이질감을 느끼며 쉬지 않고 변화하는 사회의 물결을 깨닫게 한다.

병원 로비에 들어서는 순간 처음 보는 진풍경에 눈이 둥그레 졌다. 50대 여인이 고급스런 이불로 싸서 안은 큰 개는 목 보호대를 했고 링거를 매달고 있었다. 그는 개의 아픔을 나누기라도 하려는 듯 뺨에 얼굴을 묻고 있다. 한 쪽에선 쏘프라노의 고음으로 "우리 아기 감기야, 목감기거든." 하며 앞가슴에 품었던 강아지를 간호사에게 내어준다. 나처럼 털을 깎기 위해 개를 맡기고 기다리는 대여섯 명은 마치 자식 자랑하는 엄마처럼 이야기꽃들을 피워낸다.

미용사가 미미의 미용을 마치고 나를 부른다. 털을 깎아 놓으니 기품은 없지만 깔끔하여 기분은 좋았다. 수의사를 만났다. 미미의 입을 벌려서 유치를 뒤로하고 영구치가 뾰족하게 올라오는 것을 보여준다. 이가 바르게 자라게 하기 위하여 8개나 뽑아 주어야 한다고 하며 한 대에 만원이라고 한다. 전혀 생각하지 못한 일이다. 다시 병원을 찾겠다는 말을 뒤로 남기고 문을 나섰다.

그동안 여러 종류의 개를 키워 왔어도 이를 뽑아 준 기억이 없다. 아니 뽑아 주어야 한다는 것도 모른 채 지나쳤던 것이다. 무식의 소치였을까? 아님 우리 삶의 발전이 빚어낸 문화의 힘일까? 스스로 반문해 본다.

순간 미미가 주인을 잘못 만난 것 같아 미안한 마음이 든다. 어깨에 메고 있는 미미의 백을 앞으로 당겨 눈 맞춤으로 내 스스로를 위로하며 손으로 만져주니 기분 좋을 때의 비음을 낸다.

지나는 길옆에 팔순에 가까운 할머니의 물건들이 눈에 들어온다. 펼쳐 놓은 쑥 봉지, 달래, 마늘 깐 것, 깻잎 묶음 2개 등 합해 보아야 만원 안팎일 것 같다. 모두 사면서 마치 할머니를 그냥 도와준 것처럼 뿌듯한 마음으로 발걸음도 가볍게 느껴졌다.

군에 입대하는 장병처럼 머리를 빡빡 밀었으니 추울까 보아 타월로 옷을 만들어 입혔다. 잠시 밖에 나갔다오니 발까지 끼워진 옷을 어떻게 벗었는지 홀라당 벗겨 있다. 전혀 상상이 되지 않는다. 딸은 물론이거니와 며느리도 은연중에 시어머니를 닮는다고 하는데, 미미도 어느새 나를 닮았는가보다. 익숙하지 않은 것에 쉽게 적응이 되지 못하는 까칠한 성미를 드러낸 것이다. 이러한 미미를 보며 자식들이 커가면서 제몫을

할 때처럼 귀여운 마음으로 흐뭇한 미소를 머금는다.

둘째아들이 미미의 대소변을 받기 위한 패드를 두 박스나 사가지고 왔다. 미미와 병원 갔던 이야기며 그날 헛헛했던 마음을 털어 놓았다. 이제 나이 들어 마음마저 퇴색했는가, 은연중에 늙은 티가 물씬 풍기는 생경한 말을 건넨다. "얘야! 그녀들은 자기들 부모에게도 그렇게 지극정성으로 보살펴 줄까?" 하니 "엄마 그 아주머니는 보살펴 드릴 부모가 없을뿐더러 정을 쏟을만한 대상이 없지 않았을까요?" 한다. 아들의 일침에 두통 끼가 걷힌 듯 신선한 마음으로 "그럴 수도 있겠지." 하며 화제를 돌렸다.

요즘 남성들을 힘들게 하는 웃자고 하는 말들이 거리를 많이 누비고 다닌다. 그 말들 중에 이사 가는 날 혹시 떼어놓고 갈까보아서 부인이 사랑하는 강아지를 안고 차에 타고 있으면 덩달아 가게 된다는 씁쓸한 이야기이다. 가슴이 좀 아리는 말이다. 우리나라 역사 이래 남성들의 권위주의 사상에, 가부장적인 제도 속에서 기를 펴고 살지 못해온 여성들의 반란일 것이다. 오랫동안 땅 밑에서 숨죽이며 움을 틔우고, 갈고 닦아온 힘과 능력의 반전이며, 지금 여성 춘추전국시대를 맞고 있는 것이라고 나름대로 결론을 내려 본다.

나도 미미에게 관심과 사랑을 주기로 마음먹는다. 내 스스로 쌓아온 울타리에서 아들들과 며느리들, 손녀 손자들을 밀어내고 그 여인처럼 미미에게 사랑을 쏟아 보련다. 하지만 이기주의적이며 깔끔 떠는 나의 마음이 얼마나 견디며 미미에게 가까이 해주려는지, 그것은 아직 미지수이지만….

어느 날의 감성지수

요즘 과로한 탓인지, 계절 탓인지 온몸이 무겁고 미열까지 있어 일찍 집으로 돌아왔다. 대충 옷을 바꾸어 입고 침대에 몸을 던지듯 누워 쉬고 있는데 난데없는 전화벨이 울린다. '이 시간에 웬 전화' 짜증스럽기도 하고 귀찮아 몇 번 울리다 말겠지 하며 무시하고 있는데 도무지 포기할 기미가 없다. 무슨 급한 일이라도 생겼나 하고 귀찮은 물건 잡듯 수화기를 들었다. 대꾸도 하기 전에 빨리 받지 않는다고 사뭇 야단치는 어투로 툴툴 거린다. 자기가 먼저 전화를 하지 않으면 음성도 들을 수 없다고 불평불만이다. 고등학생시절 한동네 살았던 한 학년 높았던 친구이다. 다정다감한 그 녀다.

반가운 소식을 전한다면서 음성이 들떠있다.

나를 애타게 그리워하는 남자 친구가 찾는다는 내용이다. 이리저리 수소문하여 자기한테 닿았다고 호들갑을 떤다. “너를 짝사랑 했대. 지금까지 일에 열중하느라고 여념이 없었지만 이젠 너를 꼭 찾아야 되겠다고 집념이 대단하더라.”고 빠른 말씨로 일방통행이다. 이름을 들먹이지만 전혀 기억이 나지 않았다. 뜬금없는 이야기에 황당한 마음이 앞설 뿐 대꾸하기도 귀찮았다.

몸살기를 이겨내지 못하고 잠들다가 깨어났기에 머리는 띵하고 입안엔 침이 말라 있다. 보통 때 같으면 장난기라도 발동하여 맞장구를 쳤을법한데, 영 기분이 동하지 않는다. “응 친구야 미안해, 내가 좀 아파, 에너지가 바닥났어, 다음에 이야기하자.”고 수화기를 먼저 내려놓았다.

몸은 빈대처럼 침대에 찰싹 붙어있어 꼼짝하기 싫지만 생각은 꼬리에 꼬리를 물고 늘어진다. ‘누구인지는 몰라도 이제야 자신을 돌아 볼 수 있는 여유가 생겼나 보네.’ 생각하면서 상대적으로 쓸쓸한 마음이 뭉게구름처럼 피어난다.

중학생 때 나를 따라와 우리 집 앞을 서성거리던 남학생이 나의 고자질로 할아버지로부터 호되게 야단을 맞았다. 그 때 창문 틈으로 그의 일거일동을 훔쳐보면서 고소하게 생각하던 철없을 때의 기억에 미안한 생각이 앞서기도 한다.

평소 이성간의 사귐에 대하여 일상의 삶 테두리를 이탈만 하지 않는다면 괜찮겠다고 마음속에 생각해 온다. 그렇지만 주위의 곱지 않은 선입견들이 앞서게 되니 생각이 뒤엉킨다.

주위를 관찰하고 둘러보면 초등학교 때 남녀친구 사이는 이성으로 생각하지 않는 것 같다. 어린 시절의 모습들이 서로 동화되어 흉허물 없는 관계를 이어오기 때문일 것이다. 하지만 좀 성숙해져서 만난 이성의 경우, 순수하지 않은 감정이 마음에 깔려 있을 수가 있어 마음의 갈피갈피를 잡지 못할 때도 있을 것 같다.

지금 나는 친구로부터 전해온 그 사람에 대하여 마음 설렘은커녕 관심조차 없다. 아마도 나의 감정이 빛이 바래어가니 흥미가 없어진 모양이다.

어느 때는 내 자신이 스스로 마음에 들지 않는다. 경직된 사고와 태도 때문에 다른 이들이 가까이 다가서기가 힘들다는 이야기를 가끔 듣는다. 나는 경우에 따라서 술도 한 잔 기울일 줄 알기를 희망하지만 전혀 뜻대로 되지 않는다. 술 한 잔 주고받으며 한 번밖에 살 수 없는 인생을 이야기하고, 사랑 이야기며 세상 돌아가는 이야기에 푹 빠져 들고 싶을 때도 있다.

아! 얼마나 낭만적일까? 생각만 하여도 술에 취한 것처럼 눈이 풀리고 기분이 짜릿하다.

쇼팽의 즉흥환상곡이 아련하게 마음을 이끈다.

마음이 울적해진다. 새들이 지저귀고 꽃 봉오리가 맺히는 봄날이라면 이토록 아쉬워하며 안타까워하지 않을 것 같다. 그러나 단풍이 곱게 물들어가고 노란 은행잎이 갈 길을 잃고 이리 뒹굴 저리 뒹굴, 바람결에 맡겨 버리는 요즘의 계절은 우리나이 70세쯤으로 비견하면 될까? 그렇지만 이렇듯 빛이 바래고 힘이 빠져 자신의 자리도 지탱하지 못하고 나뒹구는 잎들에 감사를 보낸다. 굳건히 자기자리를 지키다가 미련 없이 다음에 솟아 날 새싹을 위하여 몸을 내던지어 밑거름이 되어주니 말이다.

몸은 나른해도 상상의 나래를 펴며 씁스레한 미소를 머금는다.

빨리 잠을 청하자. 내일은 밝고 맑은 마음으로 새 날을 맞이하며 쓸모없는 잡념들은 지워내고 일어나리라.

그러나 지란지교의 우정은 가슴에 품어보련다.

여인네들의 심사心思

순간순간 변덕스러운 마음으로 하루를 맞이한다.

우리 집 아래층 미용실엔 주인과 키다리 미용사와 둘이서 손님들의 멋을 자아내고 있다. 나는 가끔 그 곳에 들른다. 거기서 머리손질을 하면 마음에 들기 때문이다. 그러나 다른 미용실에 가고 싶은 충동도 없지 않다.

오늘은 그만 다른 곳을 찾아 발길을 돌렸다. 처음 오는 손님을 어색한 마음이 들지 않도록 친절하게 맞아주었다. "이곳에 앉으세요." 하면서 따끈한 차도 대접해준다.

미용사는 나의 얼굴을 쳐다보면서 "어떠한 모양을 원하세요?" 하고 묻는다. 편안한 마음으로 마음껏 연출해 보라고 책임을 떠넘겼다.

두 시간 남짓 걸려 손질이 끝났다. 간사스러운 마음이 발동한 것일까. 그동안 느껴보지 못한 흡족한 기분으로 미용실을 나섰다. 그 순간 걱정이 앞을 가린다. 아래층 미용실 앞을 지나쳐야 집에 올라 갈 수 있기 때문이다. 하는 수 없이 윗길로 둘러서 집으로 갔다. 눈에 뜨이면 미안하기도 하지만 잠시라도 다칠지 모르는 상대방의 마음을 피할 수 있기 때문이다.

며칠 후 조심스럽게 다니다가 미용실 원장과 마주쳤다. 먼저 나의 머리에 시선이 꼽힌다. 나의 느낌인지 몰라도 표정이 일그러짐을 본다. 선의의 거짓말로 변명을 늘어놓으며 어설픈 순간을 모면했다.

입장을 바꾸어 생각해 보아도 기분이 좋을 일은 아니다. 하지만 "예쁘시네요. 그 스타일도 잘 어울리시네…."하며 속내를 감추어 주었으면 하는 바램은 지나친 욕심일까.

머리를 감은 후에도 집에서 손질하기가 훨씬 수월하게 느껴진다. 돈에 대한 값어치 일까? '물건을 모르면 값이 비싼 것을 고르라' 는 이치와 상통하는 것인가 생각해 본다. 그렇지만 그 미용실에 연달아서갈 수가 없다. 또 두 달 정도를 편치 않게 보낼 생각이 앞서기 때문이다.

하는 수 없이 아래층에 내려갔다. 반색을 한다. 손님은 나를 포함하여 세 명이였다. 한 젊은 여성은 스스로 매니큐어를 바르면서 좋은 일이라도 있는지 얼굴 가득히 웃음을 머금고 있다. 중앙에 있는 의자에는 날카로워 보이지만 차림새가 꽤나 멋스러운 여성을 원장이 드라이기로 열심히 모양을 내고 있었다. 그런데 두 사람간의 분위기는 살벌하기 짝이 없다. 손님의 얼굴은 불만스러움으로 가득하다. 원장은 빠른 손놀림으로 열심히 가꾸어 보지만 손님의 기대치에 못 미치는 것 같다. 실내는 약간 더운 기는 있었지만 손님에게 시달리다보니 얼굴이 발갛게 달아올라 있다. 그 녀는 재빠르게 부럿쉬를 빼앗다 싶이 하더니, 공들여 손질한 머리를 빡빡 빗어 내린다. 조금은 앙칼진 음성으로 "얼마예요."하면서 빨간색 지갑을 연다. 우리를 둘러본 주인은 난처한 표정과 어색한 말투로 "오천 원만 주세요." 하면서 받아 챙겼다.

그녀는 문을 채 나서기도 전에 입속말로 '이런 솜씨로' 웅얼거리면서 문을 힘껏 닫으며 화를 풀어내었다.

잠시 착잡한 기분에 젖어든다. 나도 마음에 들지 않을 때가 있었기에 그녀의 심정도 이해가 간다. 시간과 돈을 투자했는데 마음에 들지 않는다면 속이 상한다.

자신의 옷맵시나 머리 모양은 오랫동안 자기만의 스타일에 익숙해 있기에 자신들이 더욱 잘 알고 있다고 생각한다.

무언중이라도 우리의 성격은 외양과 행동하는 자세, 말투를 들으면 그 사람의 모든 면이 어느 정도 드러난다. 그녀는 내가 보기엔 꽤나 성품이 깐깐하며 약간의 히스테리마저 엿보였다.

잠시 마음을 달래기 위하여 밖으로 나간 듯한 원장이 들어오면서 겸연쩍은 미소를 보낸다. "원장! 각양각색의 마음을 지닌 사람들 속에 살아가는 우리잖아요? 마음 털어내세요. 이라몬 우짜겄노, 저라몬 우짜겄노, 만수산 드렁 측이 얼켜가믄 그 우짜겄노." 나의 서툰 경상도 억양으로 원장을 웃기는데 성공하였다.

다른 사람들 앞에서 자존심이 엉망으로 구겨졌으니 더욱 고통스러웠으리라. 순간 굳어져 있던 그의 마음 샘에서 유순한 물이 흘러내림을 느꼈다. "고맙습니다. 인생 공부하며 더욱 노력하는 자세로 살겠다." 하고 다짐한다.

때마침 전화벨이 울린다. 미용사가 받더니 주인에게 건넨다. 전화기를 받아 쥐는 순간 얼굴의 근육이 풀리더니 밝은 음성으로 바뀐다.

죽음과 삶의 극치를 보는 것 같았다. 나중에 다시 통화를 하자고 끊더니 "우리 아들이 사법시험에 합격했대요." 연신 싱글벙글이다. 잠시 전의 울분을 삭히듯이 아들에 대한 자랑으로 미용실 안이 가득해졌다.

우리는 모두가 배우의 근성을 지니고 있다고 생각된다. 말 한마디에 감정이 몰입되어 상대방에게 웃고 울고 화를 내니 말이다.

우리의 심사는 고르지 못하다.

은은한 라일락 향기 같은, 또 작은 돌, 큰 돌을 달래가면서 졸졸 흐르는 냇물의 온유함 같은 우리네의 성품을 그려 본다.

여자들의 출가

어저께만 해도 근심 어린 어머니의 얼굴처럼 어두컴컴한 날씨였다. 거기에 바람까지 세차게 불었다. 나를 날리기라도 할 것처럼 치마폭을 가르고 싸안았다가 밀쳐내기도 하며 내 주위를 맴돌았다.

늦잠 들었다가 눈을 떠보니 환한 햇살이 나의 몸과 마음을 가볍게 이끈다. 4월이 끝자락에 걸린 날, 수필 공부하는 문학 동아리에서 문학기행을 가는 날이다. 목적지는 경상북도에 자리한 청도 일원이다.

민병도 시인의 갤러리 '목언예원'을 첫 코스로 들렀다. 이호우, 이영도 오누이의 문학을 접하기도 전에 입구에 유난히

시선을 이끄는 나무에 빠져든다. 우리 손끝이 닿으면 금방 오염되어 색이 변할 것 같은 연푸른 어린잎에 마음이 붙어버린다. '나도 저렇게 여린 시절이 있었겠지!' 마음이 설렌다. 어느 사이 바스락 소리를 내며 부스러질 정도로 메말라 가는 잎에 자신이 비유되니 생각이 머문다. 마른입에 고인 침과 함께 서글픔을 꿀컥 삼켜버린다.

마지막 코스 운문사로 발길을 옮긴다. 마침 함께 공부하는 아우의 주선으로 잘 알고 지낸다는 엘리트 강사 스님의 도움으로 수도중인 여진 스님을 만났다. 갓난아기처럼 맑고 청초한 스님의 고운피부에 감탄사가 입술 끝에서 맴돈다. 촉촉한 음색 또한 스님의 고아함을 더욱 빛나게 한다. 넓은 소매 자락에서 드러나는 스님의 섬섬옥수를 보니 스님의 위상마저 돋보인다. 내 손으로 옮겨진 나의 시선, 세속에 물든 내 앙상한 손이 참으로 미안스럽다. 어느 사이 주머니 속에 숨겨져 있다.

스님은 여러 곳을 안내하며 자신들이 가꾸는 밭에 얽힌 이야깃거리도 곁들여 풀어놓는다. 밭을 매고 있을 때 지나가던 한 아주머니가 "스님들이 직접 밭농사도 지으시나요? 우리 집 공주도 스님 되고 싶어 하는데… 안 되겠네." 하며 돌아 서는 모습을 보며 '나도 우리 집에선 공주였는데' 하며 바람이 물결을 만들다 사라졌다고 한다.

그곳에 수학하고 있는 비구니들은 거의 대학을 졸업했다고 한다. 역시 고학력 시대를 느끼게 한다. 스님도 일반 대학 졸업 후 2년간 직장 생활을 하였단다. 그런데 어느 날 '나는 누구인가? 나는 무엇을 위하여 사는가?' 라는 과제에 시달리고 자기최면에 걸려 얻어 낸 길이라며 자신만만하다. 실연을 하거나 결혼상대로부터 배신당한 경우에 막다른 골목으로 선택되어 진다는 아날로그 시대의 통념이 잘못 되었는가 보다.

오래 전의 일이다. 평소에 먼발치에서 눈인사 하는 정도로 아는 사이다. 나를 찾아와 딸의 이야기를 장황하게 늘어놓는다. 늘씬하고 예쁘게 생긴 딸의 사진도 보여준다. 서울 명문 여대를 졸업했고 재주가 많은 딸인데 아예 결혼은 하지 않겠다고 하니 가슴이 아프다고 했다. 아마도 자기 가슴을 열어보면 숯검정이 되어 있을 것이라고 하면서 가슴을 친다.

수녀원에 딸을 보내기 위하여 옷을 주문하는 것이 아닌가. 두꺼운 털실로 짜 가지고 온 검정색 상의 2개를 안감 넣어 줄 것과 편안한 모직 바지 3개와 망토를 부탁한다. 자기 딸 혼수이니만큼 다른 사람에게 맡기지 말고 직접 지어주면 사례는 톡톡히 주겠다고 재차 부탁하며 일어선다.

며칠 후, 한복집을 둘러 왔다고 말머리를 꺼내며 큰 가방을 연다. 편안한 속바지, 등지기, 반짇고리엔 가위, 실, 바늘, 송곳 등 온갖 잡동사니들로 가득하다. 이제 거의 준비가 되어 간다고 혼잣말처럼 내뱉는다. 패물만 빠졌을 뿐 이불, 메리야스로 된 속옷 종류랑 지참금도 적지 않게 마련했다고 아쉬운 듯 어두 운 그늘을 내 비치며 숨을 고른다.

그렇다. 대상이 다를 뿐 출가의 의미는 같은 모양이다. 있으면 있는 대로 없으면 없는 대로 부모들의 마음 씀씀이와 준비는 한이 없는 것이다.

나도 부모님의 애를 태우다가 늦은 나이에 북녘에서 이곳 남녘으로 출가해 왔다.

어느 곳에나 무릉도원은 없다. 모두가 고행이요, 수행이다. 스님이나 수녀나 나의 인생살이에 차이점은 환경이 다르고 목적이 다른 것뿐이라고 생각된다. 전자 두 계층은 자신을 갈고닦아 내어 다른 이들에게 베풀어 귀감이 되는 삶을 영위한다. 그러나 나 같은 세속인들은 나의 울타리 안에서 내 것을 지키며, 많이 가지기 위하여 치열한 경쟁을 하며 살아가고 있다.

잠시 깊은 생각에 빠져보아도 성속은 구별이 되고, 차별화된 것만은 아니다. 어느 한 쪽만이 세상을 밝게 하는 주체가 아니라 함께 어우러져 밝은 세상을 만들며 사는 것이 진정한 우리네의 삶이라고 짐짓 믿어본다

영원한 행복

사람에겐 행복이란 영원한 것. 벌써 지워지거나 잊힐 듯한 행복이 높은 세월의 준령을 넘어 나의 심연에서 새롭게 큰 울림이 되어 희망과 용기로 솟아나고 있다.

푸른 죽순의 힘찬 메시지처럼, 그것도 매일매일, 어떤 때엔 오늘을 살아가는 나에게 아름다운 삶의 여운과 향기로도 번진다. 산고라는 기쁨이.

늦은 나이에 결혼하여 첫아기를 가졌을 때이다. 그 시절 우리에게 통쾌한 기쁨을 안겨주던 역도산 영화가 상영중이였다. 애기를 낳고 나면 꼼짝할 수 없을 것 같은 어머니를 모시고 예정일이 지난 동산만 한 배를 안고 우리는 극장에 갔다.

가끔 진통 같은 느낌이 있더니 집에 올 무렵엔 견디내기 힘들어 병원에 입원을 했다.

그때는 서울에서 마산까지 열차로 9시간 정도 걸리는 긴 여정이었다. 하나밖에 없는 딸을 시집 보내기 위한 사전답사 차 부모님이 이곳에 내려오셨던 이야기도 들려주신다. 우리나라 6대 도시인 마산! 국립 결핵요양 병원도 있고, 무성한 프라타나스 가로수를 연상하면서 신 마산역에 도착하니 막상 을씨년스러운 정경에 실망감이 컸다고 하신다. 그러나 꾸밈이 없는 사윗감과 어른들, 그리고 따듯한 집안 분위기에 부정적인 시각들이 봄눈 녹듯 녹아들었다고 하신다. 이제 네 걱정은 북풍에 매달아 시베리아 벌판으로 날려 보냈다고 환하게 웃음 지으셨던 모습과, 잠시 피곤을 못 이기시고 잠든 모습이 오버랩 되어 애잔하게 가슴을 파고든다.

자주 배가 아파온다. 휴대용 라디오에선 잔잔한 음악이 흐른다. 내일이면 어버이날이다. 어머니에 대한 고마움에 눈시울과 콧마루가 시큰거린다.

'낳으실 때 괴로움 다 잊으시고…' 가슴으로 노래를 부른다. 어머니도 이러한 고통 속에서 나를 낳으셨겠지 생각하니 눈물 콧물 뒤범벅이다. 어머니는 잠 중에도 느낌이 다르셨던지 "왜 그러니? 많이 아프니? 나를 깨우지 않고" 하시면서 황급히 의사에게 가신다. 의사는 좀 더 지켜보자고 한다. 내 마음은 아랑곳없이 "이 세상 모든 엄마들은 하늘이 쪼개지는 아픔을 겪고서야 아기를 낳았다."고 하신다. 나는 심하게 진통이 오면 깨우겠다고 안심시켜드리며 주무시게 했다.

어수선한 분위기가 심상치 않다. 의사는 아기의 심장박동이 일정하지 않다고 조심스럽게 이야기한다. 이대로 두었다가는 산모와 아기에게 치명적일 수 있다고 제왕절개수술을 권유한다.

어렴풋한 그 말에 충격을 받아 나는 황망해 졌다. 음식을 먹지 못한 나는 풍선에 바람이 빠져나가듯 몸이 자지러든다.

어머니는 당신도 힘들게 산고를 겪으셨기에 믿는 구석이 있으셨던 모양이다. 맨 정신으론 버티기 힘들 터이니 술 한 잔 마시고 한잠 자고 오도록 권유하시며 사위의 등을 밖으로 밀어내신다.

꽃망울을 피워내기 위해 꽃나무도 이토록 산고를 겪었을까. 차라리 추적추적 끊임없이 내리는 비보다 태풍처럼 삽시간에 이 고통이 끝났으면 좋겠다. 이런 생각으로 안간힘을 쓴다.

어머니는 깨죽도 미움도 마다하는 나에게 꿀물을 떠 넣어주신다. 거의 한 대접을 받아먹었다. 천리 밖에서 오셔서 딸 때문에 고생하시는 모습이 안타깝다. 어머니를 조금이라도 편하게 해드리고 싶다. 어머니와 눈길을 마주하니 몸에도 마음에도 어머니의 따뜻한 체온이 와 닿는다.

의사한테 다녀오시더니 간호사가 링거를 매달고 나간다. 신기하게도 뜸하던 진통이 자주 오간다. '너는 어떠한 고통도 이겨낼 수 있어. 나는 너를 믿는단다.' 에너지의 근원이 되는 사랑의 속삭임을 내 귀에 듬뿍 쏟아 넣어주신다.

내 앞에 집 더미만큼 큰 바윗돌이 굴러든다. 눌리면 내가 죽는다. 어디서 힘이 났던지 어머니의 옷고름까지 떼어내며 밀어냈다. 나는 탈진하여 잠시 정신을 잃었던 모양이다.

시간이 얼마나 흘렀을까 바깥이 시끌벅적하다. 남편은 들어오면서 간호사들의 축하를 받은 터라 이를 확인이라도 하듯 아기에게 조심스럽게 다가간다. 입도 다물지 못한 채 나에게 다가온다. 아기를 내 앞으로 당겨준다. 그렇게 모진 고통은 모두 잊은 채 행복함에 아기를 바라보며 신비감에 사로잡힌다.

그때 잘못되었더라면 감히 지금 이 글을 쓴다고 껍죽거릴 수도 없었을 것이다.

그러나 아직도 나는 미몽에 사로잡혀 있으니 어떻게 글귀를 맞추어 가야 할지 이 무거운 과제에 오늘도 시달린다.

하지만 행복하고 아름다운 가슴으로 이를 풀어가련다. 글 쓰는 일을 흔히 산고에 비유하듯 작품을 완성하는 일이 진정 어려운 일임을 알게 한다. 나는 오늘도 제2의 산고를 겪으며 행복한 미소를 짓는다.

오래된 얼굴

싱그럽던 푸른 잎에 어느새 단풍이 들어간다.

오늘 만나는 우리들도 단풍이 들듯 세월의 흔적들이 떠오르니 별로 유쾌하지 않다. 오랜만에 만나게 되는 친구들을 생각하며 차창 밖을 내다본다. 유유히 흐르는 강줄기만이 변함이 없다.

미국에 살기에 30여 년 만에 만나는 친구도 있다. 화장기 없어도 화사하던 얼굴들이 어떻게 변하였을까? 실주름이 굵은 주름으로 자리매김했을까? 보톡스라도 맞아서 세월이라도 되돌려 놓았을까? 내 눈은 실눈이 되고 입가엔 웃음이 번지며 상상력을 동원시켜 본다.

10여 년 간 뇌질환으로 고생하는 남편을 지극정성으로 돌보던 친구의 앙상한 모습을 떠올리며 애잔한 마음을 금할 길 없다. 서울 역사 안에서 그립던 친구들과 만났다. 4명이 번갈아 가면서 서로 부둥켜안고 반가움에 눈물마저 글썽거린다.

오래되었다는 것, 나이가 들었다는 것은 겉모양은 거칠어졌어도 살아가는 방법과 지혜를 낳게 하는 길잡이로 볼 수 있다.

본래 피부가 탄력이 없어 보이던 친구는 이마랑 얼굴 전체에 굵은 주름이 생기고 쇠잔한 모습에 마음이 시려온다. "어디 많이 아팠었니?" 하고 입 밖으로 튀어 나오려는 말을 삼켜버리며 아름답게 노년기에 접어든 모습이라고 위로의 말을 건넸다.

서울 근교에 자리한 카페로 발길을 옮기며 추억서린 정담으로 시간을 뛰어 넘었다. 얼굴을 두루 볼 수 있는 둥근 테이블에 앉았다. 그간 살아온 이야기, 가족들 이야기며 쉬임 없이 이야기꽃을 피워냈다. 그러나 마음은 헛헛하다. 역시 대화의 한계를 넘어서지 못하는 아쉬움을 느꼈다.

번갈아가며 두 친구 집을 방문했다. 각자의 성격대로 집안이 꾸며져 있었다. 전부터 화려하게 보이던 친구네 집은 밝은 이태리가구에 양주병이 장식장에 가득 누워있었다. 월풀 냉장고 전면을 동물 모양, 과일 모양, 채소 모양의 자석으로 빠끔한 곳이 없었다. 커피도 예쁜 문양의 잔에 카푸치노로 대접한다. 이 친구는 딸만 셋이다. 항상 밝은 톤의 목소리와 웃음이 집안에 가득 담겨 있다.

또 다른 친구는 말수도 적고 매사에 소극적이며 차분한 느낌을 준다. 그 집은 분위기가 전혀 다르다. 갈색 톤의 가구가 무게감을 주었고, 차도 보이차를 끓여낸다. 집안이 깔끔하기보다는 텅 비어 있는 느낌이다. 왠지 마음이 편치 못하고 조심스럽다. 먼저 친구 집에서는 퍼지고 앉아 무릎을 치며 웃어대고 쇼파 위에 눕기도 했었다. 그런데 이 친구 집에선 똑바로 앉아 다도를 시연하는 것처럼 차를 마셨다. 너무 대조적이었다. 친구의 얼굴을 보니 집과 닮은 것 같다.

'잘난 사람 잘난 대로 살고, 못난 사람 못난 대로 산다.' 는 노랫말처럼 각자의 안목, 취향에 따라 집 분위기를 만들어 간다고 생각되니 참 재미가 있다.

빌딩 숲이 엉덩이만 겨우 내려 덮은 초미니 스커트와 짧은 팬츠아래 쭉쭉 뻗은 각선미와 잘 어우러진다. 서울 거리엔 팔등신에 가까운 젊은 여성들이 눈에 많이 뜨인다. 자신 만만한 걸음걸이를 보노라면 왠지 주눅이 든다.

품고 있던 알을 쏟아 내듯이 지하철에서 밀려 나오는 사람

사람들!! 앞만 보고 총총히 걸어간다. 곁의 사람이 넘어져도 아랑곳하지 않는다. 그러나 우리 지역 마산은 여유를 즐기며, 사람 냄새도 맡고 살아간다고 생각된다. 거리를 지나면서 사람도 쳐다보고, 새로 생긴 간판도 쳐다보며, 없던 건물이 생기면 내 집이 아니라도 주위를 돌아보며 관망하기도 한다. 어쩌다가 미니스커트 아래로 쭉 뻗은 뒤태가 예쁘면 앞질러가서 앞모습을 관찰한다. 이렇듯 여유로움에 빠질 때도 있다.

어머니 집에서 쉬고 있는데 '한 번 더 보자' 고 문자가 뜬다. '그래' 하고 달려 나갔다. 우리는 한강 둑길을 걸었다. 서로 손을 꼭 잡은 채 연인처럼 서로의 체온으로 많은 말들을 대신했다. 동성애자가 아니더라도 우린 긴 포옹으로 아쉬운 석별의 정을 나누었다.

심장도 헤어짐을 감지했는지 차분하게 숨을 가누고 있다.

무엇이든지 계획할 때가 기쁘고 즐겁다. 실행하고 나면 한 번씩 그리울 뿐 추억의 뒤안길에 묻혀 버리니 더욱 허무하다.

어느덧 마산역에 도착했다. 고향집처럼 소박한 냄새에 그지없이 평화롭고 행복감에 젖는다. 대궐 같은 남의 집보다 초가삼간이라도 내 집이 최고라고 하는 말을 실감한다. 그런데 서울에 뒤지는 문화의 차이 때문에 이 지역에 사는 나부터 불평이 떠나지 않는다. '좋은 것은 서울 양반들만 누린다.' 고 혁

헉 댈 때도 있다.

집 현관에 들어서니 집안의 낯익은 풍경이 나를 편하게 이끈다.

그런데 화초들은 해바라기가 되어 모두 나를 외면하고 있다.

옛날에 집은 먹고 잠자는 곳이라고 생각했다. 그러나 지금은 모든 것을 갖추어 놓고 쉬면서 즐기는 곳이다.

꿈속에서나마 우리들의 탱탱했던 피부와 얼굴이 재생되기를 바라면서 쓸쓸한 마음으로 백지에 젊은 날의 그림을 그려본다.

오사카의 여인들

즐비하게 늘어선 자동차들이 개미떼들의 행렬처럼 꼬물거린다.

남해바다의 섬들은 화선지에 붓으로 큰 점, 작은 점들을 꾹꾹 찍어 놓은 한 폭의 수묵화를 보는 것 같다. 독수리가 날개를 활짝 펴고 하늘로 비상하듯 일본 오사카를 향하여 비행기도 서서히 공중으로 치솟는다.

이 생각, 저 생각에 머무는 동안 어느새 공항에 도착했다. 사촌시누이가 두 손을 흔들며 반갑게 맞아준다. 남편을 인사시킨다. 큰 키에 하얀 이를 드러내고 멋쩍게 웃으며 목례를 한다. 우리를 집에 내려 주고 남편은 어디론지 가버린다.

시누이는 교포 2세이다. 저녁 음식을 만들며 일본인들에게 '조센징' 이라고 멸시받으며 살아온 이야기를 술술 풀어낸다. 말이 많은 편이었다. 말 중에 자기 남편에 대한 험담을 자연스럽게 연결시킨다. 젊어서부터 여자들이 많이 따랐기에 마음고생이 많았다고 한다. 그런데 지금은 5살이나 연상인 일본 여자 집에 가서 아예 붙박이가 되어 살고 있다고 실토하며 아무렇지도 않은 양 눈웃음친다. 그렇지만 오늘은 손님한테 예의를 지키려고 남편이 집에 올 것이라고 장담을 한다.

말대로 밤 9시경 남편이 나타났다. 그는 우리말을 조금 알아들을 수 있을 뿐 말은 못했다. 함께 차를 마시며 우리나라 뉴스와 드라마를 보았다. 시누이는 남편에게 미운 마음이 가슴 가득할 것 인데 꽤나 살갑게 대해준다. 마치 연한 배 쪽이 입안에 착착 달라붙는 것처럼….

밤중에 자다가 깨어나 거실에 나가보니 TV에선 우리나라 드라마로 화면이 번쩍거리는데 시누이는 코까지 골아가며 소파에 잠들어 있다. 왠지 측은해 보인다. 얼마 만에 집에 온 남편인지 모르지만 남편의 체취라도 맡으며 한 방에 잘 것이지 저게 뭐람. TV를 끄고 홑이불을 덮어주었다.

이튿날 아침이다. 남편은 온천탕에 들렀다가 자기의 거처로 갈 것이라면서 가벼운 옷차림으로 외출 준비를 하자고 한다. 시계를 보니 8시 30분이었다. "언니, 우리 친구들끼리 모닝커피 마시는 즐거운 만남의 장소에 같이 가요."하며 손을 이끈다. 집에서 7분 정도 걸리는 네거리에 위치한 길목 좋은 간이 음식점이다. 그녀들은 일찍 도착하여 나를 반기려고 모두 일어나서 소리 없는 박수를 보낸다. 시누이가 내 소개를 하자 각자 자기소개를 한다. 모두 8명이다. 봄꽃처럼 눈부신 모습들로 아침시간을 상쾌하게 이끈다. 마치 화사한 벚꽃처럼, 수줍은 목련처럼, 화려한 모란꽃처럼, 가시달린 장미처럼, 초롱꽃처럼, 향이 고상한 백합화처럼, 피곤해 보이는 할미꽃처럼, 내가 좋아하는 아기자기한 안개꽃처럼 개성이 돋보이는 상냥스러운 일본 여성들의 향을 맡을 수 있었다.

그녀들은 매일 오전 시간만큼은 어느 누구의 눈치도 살피지 않고 즐기는 시간이라고 한다. 남편에게 불평 없이 순종하던 그녀들에게도 시대적인 변화가 온 것이리라. 혹 남편들이 황혼이혼 당할까보아 내어준 시간일까 생각하니 씁쓸한 기분이다. 왜? 난 여성인데 항상 남정네들 편에 서는지 나도 모를 일이다. 아마도 아들만 두었기 때문에 그렇게 마음이 기우는 것인가 보다.

5일 동안 아침시간을 커피와 토스트로 요기하며 우리나라 드라마 작가인 김수현씨에 대한 이야기와 유머로 웃기기도 하고, 시 낭송도 하며 그녀들의 마음을 사로잡았다. 그녀들은 가끔 바뀌는 나의 옷차림을 보고 고상하고 간결한 멋을 풍긴다고 부러움을 내비치기도 했다. 자기들과 함께 오랫동안 지내면 여러모로 큰 도움이 되겠다는 희망도 스스럼없이 이야기한다.

그렇다. 우리에게 처음 다가오는 것은 무엇이나 신선하고 신비감마저 느끼게 만든다. 그러나 얇은 시폰 옷감의 베일이 벗겨지고 속살이 드러나면 한발 빗겨 서게 되는 것이 인지상정 아닐까.

내가 그 곳을 떠나기 전날 밤엔 선물들을 준비하여 그녀들이 모여들었다. 나에게 아리랑 노래를 들려달라고 졸라대기에 아리랑 가사에 담긴 배경 이야기를 설명하며 구성지게 불러주었다. 눈물을 글썽이는 이도 있었다. 조카딸은 아예 장구를 들고 왔다. 요즘 교습소에서 우리가락을 배우고 있다고 한다. 장구가락에 맞추어 춤사위를 연출했다. 더덩실 덩더꿍 나의 손과 발동작을 따라 서툴게 그녀들도 신바람이 났다. 그냥 함께 즐기며 둥글게 돌아가면서 서로 안아주기도 하고 뺨을 비벼대며 석별의 정을 나누었다.

그 모임에서 막내 격인 미술을 전공한 친구는 지금까지 이메일을 주고받는다. 때 묻지 않은 맑은 정신을 지닌 여성이다. 또 만날 수 없느냐고 가끔 그리움을 전한다.

어쩌다 잘 마시지 않는 커피 잔을 앞에 놓으면 '굿 모닝구' 하는 그녀들의 모습이 떠오른다. 산봉우리의 선처럼 키의 높낮이가 다른 사진을 꺼내 보며 '행복하라' 고 외쳐 본다.

오월의 단상

어저께 나는 한 폭의 꽃 그림 같은 아름다운 시간을 보냈다. 이 일은 오랫동안 내 뇌리에 머물러 있을 것 같다.

어버이 날이다. 간간이 보이는 꽃집들은 카네이션 화분과 코사지할 꽃묶음들로 가득하다.

물 흐르듯 지나가는 인생, 한 해가 거침없이 흘러간다. 첫 아이가 유치원에 다닐 때 색종이로 만들어 달아주던 카네이션을 생각하니 그 때의 모습이 벌써 중년의 나이를 뛰어 넘었다. 서툰 솜씨로 가위질하고 풀을 붙인 정성이 한 아름이었던 종이 꽃이었다. 지금은 그 딸애가 생화 화분과 함께 선물도 나에게 건넨다.

꽃 화분은 물을 때맞추어 주고 보살펴 주어도 10여 일이 지나면 나이가 들어가는 우리의 모습처럼 추하게 변해버린다. 주위의 분위기를 생각하지 않은 것은 아니지만, 돈의 낭비와 쓰레기 처리 문제도 생기니 내년부터 꽃은 생략하고 '어버이 노래' 로 합창을 들려 달라고 부탁했다.

올해엔 좀 때 이르게 3형제 아들들의 가족과 함께 진해에 있는 생태공원에 갔다. 호수에서 노니는 비단 잉어들이 먹이를 줄까 봐 우리 앞으로 모여든다. 잉어들도 세상의 인간들과 어울려 살아가는 방법을 터득한 모양이다.

귀한 음식으로 대접을 받고, 큰 아들 집으로 이동하였다. 손자 손녀가 내 앞에 두 줄로 늘어서서 노래를 부른다. 어버이날에 의미를 부여해 준 것이 너무나 고마웠다. 오랜만에 듣는 노랫말에 감동을 받아 눈시울이 뜨거웠다. 노래를 익히지 못한 꼬맹이는 제 어미의 입술 모양을 한 템포 느리게 흉내를 낸다. 합창을 하듯 아들 내외가 "어머니 고맙습니다." 하며 선물을 내놓는다. 막내의 딸이 흰 봉투의 앞면에 카네이션 꽃을 색칠을 곱게 하여 부끄러운 폼으로 나에게 내민다. 봉투 속을 열어보라고 거든다. 글자를 그린 것 같은 서툰 글씨로 "할머니 건강하게 오래 사세요."라고 적혀 있다. 예쁜 종이로 싼 5백 원짜리 동전이 굴러 떨어진다. 소중하게 여겨진다. 아마도 저에겐 5만 원쯤으로 여겨지지 않았을까. 이렇게 생각하니 안쓰러운 마음이 생긴다. 귀히 간직했다가 중학생쯤 되었을 때 묵은 이야기하며 정을 나누리라.

나는 딸이 없다. 정작 본인은 괜찮은데 어떤 이는 측은한 눈빛으로 위로를 해 준다. 속마음 건넬 딸이 없어 안됐다고 입살을 주는 이들도 있다.

노인 인구가 급증하고 있는데 '효'는 땅에 무너져 내렸다. 우리세대들은 '부모를 공경하라'는 가르침을 지키려고 노력하면서 살아왔다. 요즘 웃자고 하는 말로 "네 자녀를 공경하라, 그리하면 이 땅에 사는 동안 평안할 것이다." 웃음으로 돌리기엔 너무 씁쓸한 이야기이다.

싱그러운 5월이다. 이맘때 쯤 되면 어머님이 사무치게 그립다. 인자하신 모습으로 나를 내려다보시며 웃고 계신다. 지금은 나이가 들어가니 어머니의 마음속을 모두 헤아릴 있을 것 같다. 무슨 말을 전하고 싶은지, 무슨 음식이 생각나시는지… 어머니와 손을 꼭 잡고 향기 그윽한 아카시아 꽃길을 도란도란 이야기 나누며 걷고 싶다. 40여 년 전 오월 초 첫 아이를 출산 했을 때 딸의 건강을 위하여 한 달이 넘도록 당신 집 걱정은 뒤로하고 보살펴 주셨던 어머니가 눈물겹도록 보고 싶다.

짐승들도 모성애가 강하다. 구제역이 발생한 후 TV를 통하여 소, 돼지들이 떼죽음 당하는 장면을 가슴 아프게 보아 왔다. 경북 안동 마을에서 병에 걸린 소들을 주사로 죽이는 이야기다. 주사를 맞은 소는 1분 후엔 쓰러져 죽는다고 한다. 그런데 한 어미 소는 젖을 물고 있는 새끼에게 배불리 먹이려고 있는 힘을 다하여 3분 동안이나 버티다가 쓰러졌다고 한다. 송아지도 배는 불렀지만 병으로 죽을 수밖에 없었다. 어미 소 옆에 새끼소도 나란히 묻어 주었다는 슬픈 이야기를 전해 들었다. 자식 사랑은 모든 생물들의 일맥상통하는 자연법칙인가보다.

뱃속에 있을 때엔 탯줄을 통하여 영양을 공급받고, 교감하며 이끌림을 받는다. 어머니라는 울타리는 뱃속에서나 세상에서나 끈으로 맺어져 벗어날 수가 없다.

영양가 높은 음식으로 키나 근육은 발달시킬 수 있겠지만, 뇌 속의 감정은 어머니의 끊임없는 사랑의 보살핌으로써만 살 찌워 진다고 믿는다.

이렇게 부모자식간의 인연은 한없이 이어져야 할 터인데 세상 인심이 워낙 험악하다 보니 날이 갈수록 자연의 법칙이 땅에 묻혀가고 있다.

내 자식은 아니겠지 생각하며, 믿는 도끼에 발등 찍히는 일이 없는 사랑 짙은 세상을 바라본다.

문득 창밖을 보니 카네이션 꽃잎이 웃는 듯 하늘거린다.

제4부

잠

모기가 살이 연한 귓불에 침을 놓고 만족한 듯 웽 소리를 내면서 도망친다.

여름은 우리의 단잠을 방해하는 모기의 계절이다.

방충망에 뚫린 곳도 없는데 엘리베이터를 타고 침투했는가 보다. 물린 데가 간지럽고 주사를 맞은 것처럼 뻐근하다. 모기를 잡으려고 따라 갔는지 잠도 쉽게 들지 않는다.

제국을 호령하던 알렉산더 대왕과 징기스칸도 말라리아모기에 물려 죽었다는데… 믿기지 않는다. 나에게도 독침을 꽂았던 것은 아니겠지! 하고 피식 웃는다.

잠은 지친 몸과 마음의 휴식을 줄 뿐만 아니라 스트레스를 날려버린다. 깊은 휴면상태에 빠져 들어 푹 쉬고 나면 집중력과 기억력도 배가된다.

졸음에 따른 사고가 얼마나 많은가! 특히 운전자들의 깜박 졸음 때문에 발생한 크고 작은 사건들로 매일 뉴스 시간을 메운다. 영화에서 본 타이타닉호도 승무원들이 밀려드는 잠 때문에 빙산을 발견하지 못하여 침몰했다고 한다.

나는 가끔 밤중에 일어나 두어 시간 머뭇거리다가 늦잠을 잔다. 그런데 깊은 잠에 빠져들지 못하니 언저리에 머물다가 일어난 것처럼 머리가 띵할 때도 있다.

잠의 종류는 여러 가지이다. 꽃잠, 늦잠, 낮잠, 단잠 등.

꽃잠은 듣기도 아름답다. 결혼한 신랑신부가 처음으로 자는 깊이 든 잠을 일컫는다. 나는 옆으로 누워 새우처럼 등을 휘고 자는 잠이 가장 편하다. 내 나이 또래 중에는 불면증에 시달린다고 호소하는 이들이 많다. 10시경에 잠자리에 든 다음 2시간 간격으로 눈이 떠진다고 한다. 이렇게 토막잠을 자고나면 밥맛이 없고 데쳐놓은 시금치처럼 힘을 쓸 수 없다고 하소연 한다.

60대 이후 연령층은 43%가 수면장애를 겪고 있다고 한다. 일차적인 원인은 마음속의 고민이다. 또는 우울증, 불안증이 원인일 수도 있다. 우리 여성들은 젊었을 때엔 여성호르몬이 몸을 보호 해 주다가 나이 들면서 호르몬이 소멸되기 때문이라고 의사들은 말한다. 또 남편과의 불화와 갈등을 주원인으로 꼽는 이들도 있다. 젊었을 때부터 의사소통이 되지 않아 생긴 가슴의 응어리는 밤이면 더욱 답답하게 조이며 압박해 온다고 한다.

물리학자 아이슈타인은 어렸을 때 지진아라고 불릴 정도로 공부를 못했지만 잠은 하루에 9시간씩 잤다고 한다. 아마도 충분한 잠으로 집중력을 발휘했던 모양이다.

미국의 발명가 에디슨과 프랑스의 영웅 나폴레옹은 5분간 깜짝 잠을 자면서 3일 동안 밤낮을 자지 않고 연구하거나, 전투를 했다고 한다. 이들은 평균 5시간의 수면으로서 에너지를 보충했던 비상한 정신력의 소유자들이다.

잠은 일상의 시작과 마무리라고 생각한다. 자고 난후의 상쾌함으로 하루를 열며, 자기의 직무에 충실하게 만든다. 또한 하루의 일과를 끝낸 후 피로에서 벗어나 행복한 꿈나라로 여행을 간다.

요즘 넘치는 풍요 속에 우리는 60년대를 그리워하게 된다. 그 시절에는 놀이감이나 TV도 없었다. 하루 종일 일에 시달린 몸을 단잠으로 만족할 수밖에 없던 시절이었다. 그런데 요즘은 밤도 낮같아서 야행성의 청 · 장년과 어린이들이 늘고 있다. 늦게 잠을 자니까 출출하여 야식들을 즐기게 마련이다. 체력은 떨어지고 몸은 살이 찔 수밖에 없다. 음식과 생활 습관 때문에 어린이 비만, 성인병까지도 걱정해야 하는 실정이다.

GOLD MISS 제자들이나 조카도 책이나, TV, 밀린 일 등으로 시간을 보내다가 새벽녘에 잠자리에 든다고 한다. 이 친구들을 살펴보면 잠이 부족하면 살찐다는 말이 맞는 것 같다.

검찰에 출두한 피의자들도 잠을 재우지 않으면 비몽사몽간에 진실을 털어 놓는다고 하지 않는가!

잠은 피로회복제요, 정신을 깨우쳐 주는 각성제요, 활력소이다.

충전기에 꽂힌 핸드폰과 같이 잠을 자고 나서야 제 역할을 하는 우리의 고달픈 인생이여!!

우리가 안고 있는 고민

지구는 지금 극심한 몸살을 앓고 있다.

요사이 우리에게 다가오는 뉴스거리들은 우리를 겁에 질리게 하고 걱정의 도가니로 몰아세운다. 지구의 온난화로 인한 환경의 위기는 우리에게 각가지 재앙들로 다가오며 우리를 불안 속으로 이끈다.

때 아닌 홍수사태와 눈사태로 수천 명이 사망하고 북극의 빙하가 녹아내려 바다에 집 덩치만 한 크기의 얼음 덩어리가 떠다닌다. 큰 배들도 겁에 질린 듯 그 앞에서 쉽게 움직이지 못한다. 펭귄도 자기들의 안식처가 좁혀져가니 불안한 마음이 깃들기는 마찬가지리라. 벌들도 꽃이 빨리 지니 달콤한 먹이가 줄어들기에 고민 중이라고 한다.

축복 받은 나라로 자랑하던 한국의 뚜렷한 사계절과 삼한사온도 요즘은 믿을 수가 없다. 바다의 수온이 높아지니 고기떼들도 서식지를 이동한다. 찜통더위는 계속되고 때 아닌 홍수, 폭설 등 천재지변도 잦아진다.

과학자들은 지구의 온난화로 자연의 균형이 무너지는 티핑포인트tipping point가 눈앞에 다가왔다고 우려한다. 매연과 온실 가스 등 우리 생활이 빚어낸 결과임을 어찌하랴! 지금 세계는 생태계의 복원을 위하여 과학자들이 정보를 교환하며 해결책에 촉각을 곤두세우고 있다. 우리 정부도 수질을 개선하고 홍수에 대비하기위한 4대 강 살리기에 끊임없이 노력하고 있다. 하지만 내가 사는 지역은 반대를 위한 반대로 아직도 한마음을 이루지 못하는 헷갈림 속에 머물고 있다.

어찌 이뿐이랴! 우리 정신세계의 오염도 심각한 수준에 도달하고 있다. 쉽게 결정하고 이루어지는 이혼 등, 요사이 젊은이들은 조금만 어려움에 처해도 부딪혀 보고 해결점을 찾을 궁리는 전혀 하지 않는다. 자신의 올바른 정신을 세우지 못한 까닭에 이유가 불분명한 동반 자살을 선택하는 이들도 늘고 있다. 경제적인 문제로 생활이 어려워져 가족들이 해체되는 가슴 아린 사례도 많이 목격하게 된다.

자기들의 목숨이지만 너무 가볍게 생각하는 병폐가 만연되고 있다. 다시 태어날 수 없는 단 한 번뿐인 삶인데 세상에 대한 경외감은 없었을까? 장애를 갖고 태어난 사람들이 장애를 디딤돌로 하여 자신을 개발하고 홀로 살아갈 방법을 찾는 경우와 대조를 이룬다. 이렇게 따져보면 세상은 정말 공평하지 못한 것 같다.

수년 전 생명의 말기에 처해 있는 사람들의 병동을 갔을 때, 한 노인의 처절했던 모습이 떠오른다. 다른 사람들은 저세상에 가서 깊은 잠에 들 것을 예상하고 미리 연습이라도 하는 양, 담담했다. 안쪽 구석에 있는 다른 노인환자는 눈은 감았지만 대화하는 몸짓과 말을 하는 것이 뚜렷하게 들리진 않았지만 자기의사 전달에 안간힘을 쏟고 있었다. "시려, 시려 좀 더 있다가." 하더니 상대방의 이야기를 듣는 폼이다.

그 방의 간병인은 이렇게 설명을 했다. 저 할머니는 가끔 누구인지 몰라도 다툰다고했다. "그래 내 잘못이지? 용서해라" 하면서 물러 설 줄도 안다고 한다. 허공에 대고 손을 휘 젓거나 눈을 흘길 때도 없지 않지만, 딸이 한 번씩 다녀갈 뿐 정 깊은 가족들은 없는 것 같다고 이야기한다.

오복 중의 하나가 죽는 복이라는 말이 있다. 두려움 없이 엷은 미소를 지으면서 편안한 모습으로 죽음을 맞이했으면 좋으련만!

나는 여행을 떠나기 전에 옷장이랑 주변을 대충 정리해 놓는다. 편하자고 습관처럼 해오는 일이다.

지난해엔 유독 '도브' 세안 비누가 시장에서 품절이 되었다. 자연 공해도 줄이고, 머리를 감으면 덜 빠진다는 입 소문이 무성한 탓이었다. 나는 그 비누의 향이 좋아 오래전부터 사용해 오고 있는 터라 근거 있는 말이라고 생각된다. 샴푸와 린스를 사용하는 것 보다 물 소비도 적을 뿐 아니라 하천 오염도 줄일 수 있었다. 또한 머리도 덜 빠지는 것 같아서 다른 이들에게도 권해 오고 있다.

요즘 학생들에게는 '자기주도 학습' 이란 명제가 이슈로 대두되고 있다.

우리 국민성은 자기중심적인 성향은 강하지만 자기주도 적이지 못한 면이 많다. 요즘 우리가 처해 있는 사회는 사뭇 혼란스럽다. 정부나 지방자치기관에 웬 위원회가 그리 많은지. 통일과 통합이라는 단어를 잠시 생각해 본다. 떡으로 치면 통일은 쌀 알갱이들을 완전히 갈아서 만든 것이니 민주적이 아닌 것 같다. 그러나 통합은 쌀 알갱이 하나하나를 살린 주먹밥에 비유될 수 있다. 각자의 목소리가 큰 틀 안에서 뭉쳐지니 사회통합을 이루기에 합리적이라고 생각된다. 믿고 즐기면서 살아가는 우리 삶의 터전을 그리워한다.

미적인 면을 앞세우는 얼굴 성형의 열기가 귀를 도톰하게 만드는 방향으로 발전하기를 바란다. 남의 말에 좀 더 귀를 기울임으로써 세상의 많은 고통 받는 사람들이 어려움에서 벗어나는 꿈을 꾸련다.

얼굴 성형처럼 지구도 좀 성형이 되었으면 하고 말이다.

교통사고

우리나라 TV뉴스에서 1년 365일 하루도 빠지지 않고 보도되는 사건이 있다면 그것은 무엇인가? 그것은 지극히 평범하고 현실적인 교통사고 뉴스이다. 우리 생활에 필수품으로 자리 잡힌 문명의 이기가 여지없이 휴지처럼 구겨지고 부서지는 참혹한 상황을 보도하는 사고 현장이다.

우리나라가 세계에서 교통사고 사망률 1위라는 것은 너무도 부끄러운 일이 아닐 수 없다. 전장에서 사망한 군인은 조국을 지키다가 순직하였기에 그의 죽음은 숭고하고 위대한 최후가 되며, 명예로운 훈장을 가족들에게 남겨준다. 그러나 교통사고의 희생은 예고와 준비 없는 죽음이거나, 불구자가 되는 경우이기 때문에 가족들은 사랑하는 사람을 잃어야하며, 가정은 풍비박산이 된다.

이민 간 동창이 25년 만에 조국을 찾았다. "모국의 첫 인상이 어땠니?"라고 물으니 "자동차가 너무 많아. 택시를 몇 번 이용했는데 편리하기 전에 무섭기 짝이 없어. 가다 서다 하다가 틈만 나면 차선 무시, 곡예운전으로 간이 조마조마했어." 라고 말했다. 공연히 내 얼굴이 화끈거리며 부끄러웠다.

땅도 작고 도로가 좁은데 차는 넘친다. 더욱이 운전자, 보행자들이 교통법규를 무시하니 더 많게 느껴지는 착시현상까지 생긴다.

20년 남짓 핸들을 잡을 때마다 내 나름대로의 운전 신조를 한번 외우고 출발한다. "나는 철저히 교통법규를 지킨다. 과속은 절대 않는다. 보행자 우선이 원칙이다. 양보하는 사람에게 미소 짓고 인사한다."이다. 그러나 일단 차가 움직이면 내 정신이 점점 흐트러지는 것은 무슨 탓일까.

정부에서는 음주운전 3회 적발 시 무조건 면허를 취소하도록 법을 개정할 계획이라고 한다. 너무 늦지 않았나 싶다. 교통사고를 줄이기 위한 더 좋은 방법은 없을까, 오래 전 신문에 났던 기사를 생각해 본다.

사고자 처벌은 경찰, 검찰, 법원이 일관성 있고 엄격하게 실행하며, 음주 운전자는 0.05% 기준을 범하면 정형외과에서 1주일 이상 봉사활동을 하도록 함으로써 깨우침을 주고, 주요 건널목에 보행 위반자 수용시설을 만들어 1시간씩 붙들어 둔다. 그리고 보행자 도로에 주정차한 차는 무조건 구인한다.

그렇다. 승용차 운전, 그렇다면 나는 내 인생의 운전은 원만하게 하고 있는가. 교통법규는 제대로 지키고 있으며 손볼 곳은 제때에 잘 보고 있는가. 저마다 스스로 제 인생살이 그 운전을 제대로 해나가야 이 세상은 살만 한 행복한 곳이 될 것이다. 나는 내 운명을 맡길만 한 운전면허증을 다시 따야 하리라.

금강산 여행의 서글픈 여운

10여 년 전의 일이다.

따가운 햇살이 채 가시기전인 9월 중순으로 기억된다. 민주평화통일 자문위원단 일행은 3박 4일의 금강산 여행을 위하여 부산항으로 출발했다. 하얀 솜사탕처럼 부풀어 오른 마음이 앞서가려는 듯 달음질친다.

출국심사와 통관절차를 마치고 배에 몸을 실었다. 봉래호! 배의 규모는 대단하였다. 600여 명의 종업원과 우리 일행 430명을 실은 이 배는 거대함 그 자체였다. 100개가 넘는 객실, 쇼핑센터, 오락실, 휴게실, 계단식 관람석이 있는 공연장, 사우나를 즐길 수 있는 목욕실, 식당 등 크루즈 관광선을 연상

시켰다. 종업원들은 거의 다 동남아인들이었고 총책과 여러 파트의 팀장만 현대클럽의 직원들이었다.

부산을 떠난 봉래호는 군사분계선을 멀리 우회하여 12시간 정도 공해상을 달린 후 장전항에 도착할 것이라고 했다.

호화롭게 차려진 선상 식으로 저녁을 맛있게 먹은 후 휴게실에서 마시는 커피 맛은 참으로 달랐다.

밤 9시경 공연장으로 모두 이동하였다. 자리를 앉다보니 흰 바지와 흰 셔츠에 마직재킷을 입은 고故 정몽헌 회장이 내 옆에 앉게 되었다. 그는 동남아 예술단의 공연도 보고 함께 웃으며 여흥을 즐겼다. 내금강 관광개발에 대한 협의를 하기위하여 김정일 위원장을 만나러 가는 길이라고 살며시 이야기 해 주었다.

현대 직원이 강단에 올라서더니 유머로 분위기를 고조시켰다. 여행하면서 지켜야 할 주의사항들을 알려주었다. '각별한 언행 조심' '우리를 감시하는 남녀에게 접근 금지' '쓰레기 함부로 버리지 말기' '등산로만을 따라서 일행과 함께 다니기' 등 마치 유치원생들의 교육장 같았다.

이튿날 오전 6시경에 여객선은 장전항 근처에 도달했다. 부두는 황토 흙더미 등으로 새로 만들어진 흔적이 눈에 띄었다. 우리 지역의 조그만 포구정도로 협소했다. 큰 배는 수심이 낮아 정박하지 못하기 때문에 부속선을 바꿔 타고 장전항에 입항했다.

통일을 염원하는 우리 일행이 드디어 상상만 하던 북녘 땅을 밟았다. 감회가 깊었다. 버스에 오르기 전 북한 관리가 출입증의 사진과 얼굴을 대조하면서 검열하였다. 룸메이트랑 다른 사람들은 통과시키면서 나는 옆으로 불러 세웠다. 공연히 불안감이 덮쳤다. 현대 직원이 이유를 알아 전해주는데 어이가 없었다. 나이보다 훨씬 젊어 보이기 때문이라고 한다. 여차하면 10만 원의 벌금도 내야 된다고 덧붙여 설명한다. 그 많은 일행 중 제주도의 어느 여성과 나만이 겪은 헤프닝이었다.

현대 버스 예닐곱 대가 쉼 없이 번갈아가며 우리를 목적지까지 날라 주었다. 하늘 높이 쭉쭉 뻗은 미인송 나무를 오르내리는 까치들만이 정겹게 우리를 맞이해 주었다. 버스차창 밖으로 축사와 비슷한 2층 연립주택이 두어 채 눈에 뜨이고, 낮은 굴뚝에선 담배연기처럼 흰 연기가 가늘게 피어오르는 작은 집도 몇 채 지나쳤다. 집안에 사람이 살고 있지 않은지 거리에는 인적이 없었고 랜턴 불빛과 같은 희미한 빛이 보일 뿐 분위기가 적막하기 짝이 없었다. 대조적으로 우리는 좋은 환경과 풍족한 생활로 부족함 없이 살아감에 그저 감사하였다.

출근시간인 것 같았다. 무채색의 초라한 옷차림으로 빨리 걷는 사람들이 눈에 띄었고 간부급 같은 이는 자전거를 타고 출근하는 좀 느긋한 모습도 관찰할 수 있었다. 그들의 주택과 모습은 회색 톤의 수채화 그림처럼 보였다.

온정리 마을에 도착하여 현대에서 지은 멋진 갈색지붕의 건물 식당에서 북한 냉면을 맛보았다. 그 맛이 그 맛이었다. 고르지 않은 이처럼 듬성듬성하게 박힌 옥수수도 사 먹었다.

우리 일행은 3개조로 나뉘어 30인승 버스를 타고 구룡폭포, 만물상, 해금강 코스를 연달아 관광하였다. 금강산 호텔, 김정숙여사 별장, 말로만 듣던 1만 2천봉, 기이한 바위들의 천태만상. 금강산의 경관들은 우리 남한의 산들처럼 훼손은 많지 않았다. 그렇지만 '김일성 수령만세' 의 문구가 바위에 조각되어 빨간색으로 메워진 넓적한 큰 바위들이 군데군데 보였다. 김일성과 김정일 부자는 북한주민에게 '민족의 태양' 이요, 신화적인 숭앙의 대상임을 새롭게 느꼈다.

기묘한 절경이 있는 반면 밭 가운데 세워진 조그만 비석을 철책으로 둘러놓은 곳도 여러 군데 눈에 보였다. 그 곳엔 '김일성 수령님의 담소하신 곳' '정상에 올라계셨던 곳' 으로 적혀 있었다. 이런 곳에는 젊고 예쁜 여성들이 짝을 지어 지키고 있었다. 젊은 청년은 바위 앞을 지키고 있는데 비옷으로 얼굴을 감쌌지만 우리의 대화에 귀를 기울이듯 한 자세로 엎드려 있다. 그들에게는 시간이 멈춰진 듯 제자리에 돌부처처럼 굳어져 있었다.

온정리로 내려와서 평양 교예단의 공연을 관람하였다. 1인당 관람료가 12,000원이었는데 무조건 50%를 북한에 준다고 한다. 더욱 어이없는 것은 등산하는 곳마다 이동식 화장실이 있는데 이것들은 현대에서 설치했으며 오물을 떠내어 배에 싣고 남한으로 운반 한다는 사실이었다. 그 말을 듣는 순간 화가 치밀었다. 장전항 전기시설이며 온정리식당, 온천 건물, 그리고 우리를 날라 준 버스 등 모두 우리 것들을 이용하도록 하면서, 손 까딱하지 않고 있는 그대로만 자연을 빌려줄 뿐인데 여행비에서도 50%를 지원한다고 했다. 그러면서 감사하며 고마워하는 말 한마디조차 없지 않은가?

여행 마지막 날 선상의 쇼핑센터에 들렀다. 북한 상품들로 가득하다. 송홧가루, 잣, 고사리, 민예품들을 지인들에게 선물하려고 준비했다.

금강산 여행은 많은 생각을 자아냈다. 막연하게 통일을 기대했던 환상을 떨쳐 버리고 더욱 노력하여 우리의 국력을 키워야할 필요성을 깨달았다.

남과 북은 참으로 '멀고도 가까운 나라' 라고 해야 할까? 대한민국의 남단 마산에서 북한의 남단 장전항까지 거리로는 천리 남짓하지만 반세기 동안 오갈 수 없는 서글픔에 이산가족들은 오늘도 비통에 잠겨 있다.

가깝지만 너무도 멀고 먼 길, 체제가 달라 다른 나라가 되어버린 함부로 여행할 수 없는 곳….

지구상에서 유일한 분단국! 대화조차도 순조롭게 이루어내지 못하니 이 어찌 우리 민족의 통한이 아니겠는가?

천사 예찬

생각만 하여도 가슴 가득 기쁨이 차오른다.

정성을 다해 사랑해주고 싶은 충동을 느끼게 한다. 손끝만 닿아도 터질 것만 같은 앵두 입술이다. 일거일동을 곁에서 보고 있으면 즐거움에 시간가는 줄도 모르게 푹 빠져든다. 딸이 없으므로 무덤덤하게 살아온 나에게 이제껏 느껴보지 못한 재미를 손녀 수민이가 선사했다. 어느 날부터 수민이는 내 삶의 천사가 되었다.

나의 천사는 어린 시절부터 확실하게 남 다른 면이 있었다고 믿는다. 말도 못하는 아이가 가까스로 묶은 애교스러운 꽁지머리에 무릎을 꿇고 두 손을 모아 기도하는 모습은 천사이지 않은가.

주방 눈 바른 곳에 천사의 사진을 걸어두고 매일 쳐다보아도 보고 싶은 마음 가득하다. 몸과 마음이 불편할 때에도 그 모습을 보면 모든 근심과 병이 씻은 듯 낫는다. 소리 없는 웃음을 머금을 때는 내 마음의 요정이 된다. 어쩌면 영원히 요정의 그 모습, 순수하고 앙증스럽게 살아가기를 바라지만 욕심일 뿐이다.

나의 천사는 깊은 산자락에서 졸졸 흐르는 개울물 소리를, 냇가에 질펀하게 앉아 빨래하는 산골 아낙네의 수더분한 모습을, 따뜻한 봄날 흙을 헤집고 솟아난 여린 새싹을 떠올리게 한다. 해맑은 순백 우윳빛 얼굴에 부드럽고 연한 입술로 미소 지을 때에는 갓 피어난 안개꽃이다. 자라면서 제 스스로 은은한 향기를 주고 아기자기한 분위기를 연출한다. 나는 나의 천사에게서 잠시라도 눈을 뗄 수가 없다. 나의 눈 속에 깊숙하게 넣어 두고 싶어 정신없이 사진을 찍어둔다.

제 아빠의 군의관 임관식에 참석하기 위해 영천에 갔을 때다. 옷깃으로 스미는 바람이 꽤나 한기를 느끼게 하는 봄날이었다. 너른 연병장에는 잔디가 파릇파릇 윤기가 흘러 쓰다듬고 싶은 충동을 느끼게 하였다. 잔디와 잘 어울릴 것 같아서 안고 있던 천사를 살짝 내려놓았더니 기겁을 한다. 나의 가슴에 얼굴을 폭 묻는다. 여린 심성 탓일까, 잔디를 밟지 못한다. 아직 나의 천사는 누군가 만날 준비가 되지 않은 모양이다.

며칠이 지났을까. 진해에 벚꽃이 흐드러지게 피었던 날이다. 하도 예뻐서 꽃잎에 손을 대어주었더니 꽃잎이 떨어질까 그마저도 만지지를 못한다. 꽃눈이 함박눈처럼 흩날리며 소록소록 쌓였다. 천사는 어지럽게 흩날리는 꽃잎에 눈길을 떼지 못한다. 사뭇 안쓰러운 표정이다. 여린 마음 밭에는 잡초의 씨앗도 내리지 않나.

천사는 아무 곳에서나 누구하고든지 곧 친숙해 진다. 엄마를 찾을 생각도 없이 우리 집이나 고모 집에서도 적응을 잘한다.

어떻게 하는가 보려고 우는 시늉을 하면 천사는 어찌할 줄을 몰라 나에게 뽀뽀세례를 쏟아준다. 반응이 보이지 않으면 윙크로 온갖 아양을 부리는 모습에 그만 웃음보를 터뜨린다. 언제부터인가 "수민아 뽀뽀" 하면 선뜻 입술을 내주던 천사가 입술을 살짝 대었다가 손으로 제 입술을 싹싹 문질러 버린다. 천사도 변하는 모양이다. 천사의 키가 자라는 만큼 뽀뽀의 위치도 뺨으로 옮겨져 갔다. 아마도 더욱 세견이 들게 되면 뺨마저도 내어주지 않겠지. 달라져 가는 천사 앞에서 새삼 늙음을 서러워한다.

언제 녹아내릴지도 모르는 추녀 끝에 매달린 고드름이 생각난다. 더욱 쓸쓸하다. 쓸쓸함을 느끼는 것은 천사도 마찬가지인가보다.

첫 손녀이기에 외가나 친가에서 보내는 사랑으로 시달리기도 했지만 귀여움을 독차지했던 천사에게 시련이 다가왔다. 천사의 나이 4살 때 남동생이 태어났다. 꽃잎에 손도 대지 못했던, 남을 배려하던 천사가 180도로 달라져 시새움으로 하루를 시작할 줄이야. 동생의 코도 비틀어보고 허벅지를 꼬집어 울려놓고 냉큼 시치미를 뗀다. 무엇이든지 제가 먼저 해야 직성이 풀린다. 어른들의 눈을 피하여 동생의 머리도 쥐어박고 손가락을 물어 울리는 것이 여러 번 반복되니 천사의 형태에 어른들의 걱정이 끊이지를 않았다. '왜 달라졌냐고..'

하지만 천사가 변한 것이 아니다. 어른의 사랑이 동생에게로 가버려 천사의 마음에 잔꾀를 심고 어둡게 한 것이다. 천사는 스스로 제 것만 챙기는 욕심꾸러기로 집안 어른들은 천사를 만날 때마다 걱정을 끊이지 않았다.

하루는 감기로 누워 있는 나에게 천사가 다가온다. 나의 손을 꼭 잡아주며 "할머니 아프지 마세요, 오래도록 사세요."한다. 초췌한 나의 모습에 마음을 다쳤던지 눈물을 글썽인다.

빰에 얼굴도 비벼댄다. 예전 내가 사랑에 빠졌던 천사의 모습 그대로다. 순간 가슴에 걱정으로 뭉쳐 있던 응어리가 녹아내린다. 그러면 그렇지. 나의 천사는 변하지 않았다.

다만 성장통을 앓고 있는 것이다.

추석 유감

20세기의 마지막 추석이다.

가을은 기후가 서늘하여 춥지도 덥지도 않다. 창천에는 구슬 고리가 걸린 듯 질박하면서도 빛나는 달빛이 손에 잡힐 듯 말 듯 마음까지 풍요로운 계절이다. 이 좋은 계절에 우리는 햇곡식과 햇과일로 조상들의 음덕에 감사하는 제사를 드린다.

농사를 짓는 분들도 이날만은 고달픈 노동에서 벗어나 가족과 이웃, 그리고 멀리 떨어져 사는 일가들과 함께 모여 음식을 나누고 정을 두텁게 다진다.

'기제사' 라는 풍습은 오로지 우리나라만의 고유한 전통이라고 한다. 제사상에는 다른 것은 몰라도 대추, 밤, 감, 배만 은 반드시 올려야 한다. 그 까닭은 대단히 상징성이 있다.

대추는 꽃만 피면 한 개도 빠짐없이 모두 열매가 맺기에 자손의 번창을 의미하며, 밤은 아무리 큰 나무라도 뿌리를 캐어 보면 씨앗은 그대로 남아 있어 조상과 자손을 연결시키는 고리역할을 하고, 감은 나무의 한 쪽 가지를 다치면 그 쪽엔 열매가 전혀 열리지 않는다고 한다. 즉 아픔을 이기며 자녀를 키우는 부모의 정성을 나타낸다. 그리고 배는 잘라보면 큰 씨앗은 하나뿐이고 잔 씨앗은 두 개씩 여러 개가 나뉘어 붙어 있어 가정의 위계질서를 상징하고 있다는 것이다.

또한 결혼식 때 폐백을 받은 후 어른들이 아들 딸 많이 낳으라고 밤과 대추를 한 움큼씩 던져주는 관습이 있다. 대추는 자손을 상징하므로 많이 던져 줄수록 좋은 일이겠으나, 밤은 조상을 의미하기에 한 톨만 던져 주어야 한다는 지적에 새삼 놀라움을 금치 못한다.

우리의 전래 풍속과 문화에 스며 있는 조상들의 지혜를 올바로 알고 더욱 공들여 빛바래지 않도록 가꾸어 나가야 하지 않을까 싶다.

한편 이러한 명절에 우리는 주변의 불우한 이웃들에게도 관심을 기울여 보았으면 한다.

지난여름 주택마저 잃은 수재민들이 아직도 수용소에서 한가위를 맞아야 할 처지이고, 전쟁 중에 16살의 나이로 월남한 어느 할머니는 예순 중반이 됐지만 추석만 되면, 이웃 동산에 올라 북녘을 바라보면서 소리 없이 통곡을 하고 눈이 퉁퉁 부어서 며칠을 앓는다고 한다.

왜 그들에게 이러한 한 맺힌 설움과 고통이 있게 되었는지를 생각해 보자.

오늘은 누구에게나 둥글게 보이는 보름달이 모든 이에게 희망과 꿈을 골고루 나눠주기를 기원해 본다.

틈새와 인생

창문 사이로 아침 햇살이 기어든다. "할머니, 나 우리 집 갈래." 하며 다섯 살 배기 손자 녀석이 조그만 제 배낭에 팬티랑 양말을 챙긴다. 잠자리에선 나와 장난도 치며 소통이 잘 되었었다. 그런데 무엇이 마음에 들지 않았는지 입을 굳게 다문 얼굴표정이 꼭 제 애비의 어렸을 때 투정부리던 모습을 그대로 닮아 입가에 웃음이 절로 번진다.

따갑게 느껴지는 햇살은 잠에서 깨어나라는 신호같이 느껴져 자리를 차고 일어났다. 녀석은 아침잠이 없다. 내가 늦잠 자면서 자기 이야기를 건성으로 들어 준 것이 마음을 거스른 것이다. 서로간의 마음에 틈이 벌어졌기 때문이리라. 틈을 좁

히기 위해 가슴에 꼭 껴안고 보송보송한 뺨에 내 뺨을 맞대고, 등을 어루만지고 엉덩이를 토닥여 주었다. 아이의 얼굴이 환하게 바뀌면서 나의 얼굴 이곳저곳에 뽀뽀 세례를 퍼 붓는다.

그렇던 녀석이 벌써 초등학교 4학년이 되니 더 큰 틈이 벌어지고 있다. 전화를 하면 "할머니 미안해요. 저 지금 바쁘거든요." 두 번 다시 말 붙일 여유도 주지 않고 딸까닥 하는 전화기 소리 여운만을 남긴다. 아이들이 커 갈수록 점점 틈새는 넓어지게 마련이라고 이해를 하면서도 서운함은 감출 수 없다.

귀가 어두운 어느 할머니가 보청기를 하고 버스를 탔는데 서있는 남 · 여 학생들이 모두 이어폰을 꽂고 있었다. 할머니는 안쓰러운 마음에 큰 소리로 옆에 학생들을 향해서 "워쩌다가 벌써 보청기들을 한겨?" 하고 말을 붙여도 대꾸가 없자, 혀를 차면서 "내 귀보다 더 나쁜가벼." 하면서 바람벽에 대고 말한 듯 씁쓸한 표정을 짓더라는 웃지 못 할 이야기를 전해 들었다. 순간 내 귀도 멍해진 기분에 잠겼었다. 이 또한 세대 간에 벌어지는 간극 때문에 빚어지는 불행의 한 장면이다.

마루바닥에 생긴 틈새나, 천정의 틈새 그리고 도로 콘크리트에 갈라진 틈새는 얼마든지 보수할 수가 있다. 즉 우리 인간의 눈에 보이는 물체의 틈새는 얼마든지 원상회복이 가능하다. 우리 눈에 보이지 않는 내면의 세계에서 생기는 틈이 문제이다. 부부지간 갈등의 틈이 벌어져 감당키 어려운 지경에 도달하면 이혼으로 끝맺음을 하게 된다. 부부 싸움은 칼로 물베기라고 쉽게 말하지만 무형의 갈등은 유형의 틈새보다 치유가 힘들다.

요사이 세계 경제가 바닥을 치고 있다. 그리스 정부는 나라를 운영할 능력이 없어 혼란에 빠져 있다. 경제를 바로 세우기에는 정부와 국민 간에 너무도 큰 틈이 벌어진 것이다. 우리나라도 정치인들 간에, 정부와 국민들 간에 불신의 틈새가 크게 벌어져 가고 있어 걱정이 앞선다. 어떠한 처방을 내려야 할는지 우리 모두가 머리를 맞대고 고민해야 될 일이다.

다행인 것은 낮과 밤만은 틈새 없이 잘 운영된다는 사실이다. 우리의 잠은 어찌 보면 틈새 같지만 하루의 끝맺음과 출발점으로 육체와 영혼에 필요한 휴식을 준다.

근 10여 년 만에 멋쟁이로 소문이 자자하던 사회 선배를 만났다. 아름답고 멋스럽던 모습은 정오의 그림자처럼 사라졌다. 숱이 많고 곱던 머리 결은 민둥산처럼 머리 밑이 훤하며, 듬성듬성한 흰 머리카락이 바람에 하늘거린다. 앞니도 흉하게 빠졌고, 허리는 굽어지고, 느린 걸음걸이 또한 구부정하게 팔자로 걸으며, 말하는 중에 치매기까지 드러낸다. 복잡한 길거리에서 나의 손을 잡고 한 말을 자꾸 반복하고 빠진 이를 드러내며 바보처럼 웃는다. 인텔리로서 똑똑하다고 소문났던 사람인데 어이가 없었다. 차라리 만나지 않았더라면 보고 싶은 옛날 그 모습으로 오래 기억될 것을.

정말 인생무상이다. 우리 신체도 못이 달아 빠지고 조였던 나사가 풀리니 몸이 뒤틀리고 머리가 뻥 뚫릴 수밖에 없다. 참으로 안타깝다. 이와는 반대로 떨어지기 직전에 가장 아름다운 자태를 뽐내는 낙엽이 부럽다. 앞으론 더욱 의술이 발달하고 좋은 약이 개발되어 우리의 평균수명이 더 연장 될 것이다. 그런데 오래 사는 것만이 능사가 아니다. 바람에 나뒹구는 퇴색된 낙엽처럼 보기 싫은 인간이 되지 않는 것이 우리의 바램이다.

독일의 철학자 쇼펜하우어가 우리에게 물었다.

'인생아! 너는 어디서 왔느냐? 인생아! 너는 무엇을 하느냐? 인생아! 너는 어디로 가느냐?' 오늘도 이 질문을 마주하며 깊은 상념에 젖어 본다.

패 션

패션의 일 번가 이태리 밀라노에서 패션쇼가 열렸다. 가끔 TV를 통하여 움직이는 그림들을 즐겨보고 있다. 패션계를 리드하고 있는 유명 디자이너들의 작품들이다. 아직은 11월 초순인데 새해의 봄, 여름옷들을 깡마른 모델들을 통하여 선보이는 자리였다. 나의 눈을 한 번씩 반짝 뜨이게 자극은 주었지만 전체적인 흐름은 스타일 책을 보는 것과 다름이 없었다.

봄은 여인들의 옷차림에서 시작된다고 해도 지나치지 않을 것이다. 화려한 색상의 옷을 입은 여인들이 봄의 거리를 더욱 아름답게 꾸민다. 각종 모임이나 거리에서, 또 행사장에서도 같은 색상이나 디자인의 옷을 입은 이들을 거의 찾아 볼 수가 없다. 참으로 신기하게 느낄 때가 많다. 지금 우리 여성들은 개성에 따라 자기 취향에 맞는 옷을 골라 입고 즐기기 때문일 것이다.

백화점 의류매장에서 일하는 제자가 뵙고 싶다고 하여 들렀다. 탁자위에 노블하게 자리한 들국화의 향과 모카 향 가득한 커피가 자리를 편하게 해 준다. 서로 이야기를 나눌 시간도 없이 그녀는 손님들에게 시달리고, 나는 옷의 질감에 어울리는 디자인을 머릿속에 스케치하며 많은 시간을 보냈다.

부티가 나는 여인들도, 더욱 부를 누리기 위한 이들이 계속 찾아 들었다. 서로 이것저것을 마치 자기들의 옷처럼 입어보고 벗어놓고 매장 안을 어지럽힌다.

한 여인은 옷을 입어보면서 "이 옷 몇 벌이나 팔았어?"하고 묻는다. "손님, 어저께 새로 들어온 옷 이예요. 어떠한 옷이든지 치수별로 한 벌씩 밖에 내려주지 않아요."한다. 얼마 전에 새 옷을 입고 모임에 나가보니 다른 사람도 입고 있었다고 한다. 꼴 보기가 싫어 옷장에 처박아 놓았다고 자랑처럼 이야기한다. 그 말을 듣는 순간 파스텔 톤의 우아한 모습과 달리 빨강, 남색, 검은색이 뒤엉킨 끈적한 유화로 속내가 비치니 내 마음도 꼬이는 것만 같다.

딸의 결혼을 앞둔 부인에게 투피스 한 벌을 팔았을 뿐, 두

세 명이 몰려다닌 두 팀은 미안함도 없이 썰물처럼 빠져 나갔다.

여러 옷가지들은 태풍이라도 만난 듯 매장 안에 흐트러져 있다. 기본 예의도 없는 그녀들을 보며 한심한 생각이 들었다. 그녀들의 의식을 깨우쳐 주고 싶다. 요즘은 하고자 하는 의지만 있다면 못 이룬 꿈들도 펼치며 성취감도 느낄 수 있으련만…!

뒷정리는 주인의 몫이다. “내가 좀 도와줄까?” “아니에요. 전에는 약도 오르고 미운마음도 들었지만 이제는 잘 참아내는 여유가 생겼어요.” 하며 담담히 마음을 풀어낸다. “두, 세 명이 몰려다니는 분들은 옷들을 입어보고 기분만 내는 경우가 많다.”고 지적한다. 얄궂은 마음을 감추려는 듯 일그러진 웃음을 머금고 흩어진 옷들을 제자리에 갖다놓는다.

30, 40년 전만 하여도 우리 거리는 온통 무채색의 옷과 무표정한 얼굴의 여인들 모습이었다. 어렵던 우리의 삶 그 자체였다고 생각된다. 우리의 생활이 풍요로워지고 세상도 많이 변하였다. 온통 거리는 각가지 색의 옷들로 휘황찬란하다. 나이도 상관하지 않는다.

외국에서 열리는 영화제에서나 볼 수 있었던 배우들의 옷차림을 지금은 우리의 거리에서도 쉽게 만날 수 있다. 글로벌 시대에 걸 맞는 풍경인지, 여성의류 문화의 발전인지 혼란스럽다.

3사社 방송국 연예인 시상식을 보노라면 마치 가슴을 드러내는 의상페스티발 같이 보여 짐은 별난 나만의 느낌일까. 각자의 생김새나 이미지에 맞도록 의상 제작자들은 왜 제안을 못하는지 사뭇 아쉽다.

우리의 욕심은 무한대로 치솟아 가는 모양이다. 수년전 고위층 부인들 사이에 옷 로비 사건으로 세상을 떠들썩하게 한 적이 있었다. 고가 의류에 대한 사치성과 호기심에서 빚어진 일들이리라.

옷이 날개의 역할을 할 수도 있다. 어린 시절 어머니께서 만들어 주신 치마와 저고리를 입고 잠자리처럼 나는 시늉을 했던 기억이 난다. 때 묻지 않은 그 때가 그리워진다.

예전의 우리 옷은 입는다는 개념이라면 현대의 패션은 활동성과 기능성을 갖춘 멋의 개념으로 표현되고 있다.

이제는 우리들도 감각이 섬세해져서 자신만이 연출해 낼 수 있는 멋에 도전장을 내어보자.

한 템포 늦은 여름휴가

아이들 성화에 못 이겨 8월 중순을 넘어선 주말에 강원도 태백에 휴가를 다녀왔다. 처음 가보는 곳인데 그곳에 대한 예비지식을 전혀 갖추지 못한 채 얹혀 간 꼴이었다.

날씨는 좀 찌무룩했지만 구름 속에 갇혀 있던 햇님이 살며시 미소 띤 얼굴을 내 보인다. 몸살기가 있었지만 따라나서기를 잘했다는 생각이 들었다. 고랭지 배추 밭은 푸른색 배추가 뽑힌 자리에 남은 잎이 말라서 하얀 흰머리 다발 같았다.

태백시의 제일 높은 정상에 자리한 숙소에 짐을 푼 다음 유명하다는 쇠고기 집에서 점심을 먹고 관광에 나섰다. 낙동강의 발원지라고 알려진 황지 연못은 지금도 물이 솟아나고 있었다. 물이 솟아나는 깊은 곳은 아빠 엄마만의 구역인 듯 한 쌍의 큰 물고기가 유유히 노닐고 있으며 그 아래 야트막한 물엔 새끼들이 이리저리 먹이를 찾아 움직이고 있었다. 물고기들의 삶이 우리와 비슷함을 느꼈다. 조금 내려오다가 보니 한강의 발원지인 검용소를 가보기 위한 관광객들이 줄지어 길게 늘어서 있었다. 지대가 높기 때문에 승용차는 놓아두고 버스로 왕래한다고 했다. 우리 일행은 나의 몸살기를 핑계로 모두 숙소로 직행 했다.

요즘 아이들은 다양한 경험을 하며 자라나고 있어 모르는 것이 거의 없다. 초등학교 1학년 손자가 "할머니도 아시겠지만 우리가 가는 리조트는 호텔과 달라요. 휴양시설이 함께 있는 곳이예요. 우리랑 수영을 하시면 좋을 텐데." 하며 이야기하는 의기양양한 태도가 귀엽기 짝이 없다.

이튿날 일찍 일어나 산책을 나갔다. 햇살도 피어나지 않았는데, 나비 한 마리가 안길 곳을 찾아 이 꽃 저 꽃 옮겨 다닌다. 마치 연인의 향을 찾는 듯… 즉 밤잠을 설친 사람처럼 비실거린다.

내가 서 있는 곳에선 눈 아래로 구름이 펼쳐져 있다. 저 멀리 지평선 구름 사이에서 바늘 구멍만한 햇살이 마치 암흑속의 다이아몬드처럼 반짝거린다. 그것이 콩알만큼 커지더니 점점 하늘이 활짝 열려져 간다.

한 치의 오차도 없이 진행되는 신의 섭리에 따라 오늘 하루도 이렇게 시작되고 있다.

마지막 단상

오랜만에 거울을 본다.

이방여인처럼 낯이 설다. 겁에 질린 듯 황급히 거울을 덮는다. 그래도 한구석에 미련이 남았던지 엎어 놓았던 거울을 다시 비추어 본다. 얼굴이 찌들고 그늘이 생겨 어둡기 짝이 없다. 여덟팔자모양이랑 가로세로로 불규칙한 선들이 다투며 자리를 잡았는가 보다. 꼭 풀을 발라놓고 사용하지 않아 말라버린 문종이의 모양과 같다.

억지로 웃음을 지어 본다. 살갗이 당기고 어색한 모습이다. 검푸른 피부에 진회색의 구겨진 옷을 입혀 놓은 것처럼 초라하기 그지없다. 볼과 턱은 어머니의 유방무덤처럼 축 늘어져 있다.

가끔 TV에서 보는 탤런트들의 웃음을 흉내 내어본다. 그러나 곡선이 부드럽게 자리를 잡지 못한다.

3개월 동안 어스름한 가슴 깊은 골짜기에서 밝지 못한 생각과 마음들이 풀어 낸 그림이리라. 목표를 가지고 수도를 하였더라면 욕심을 가라앉힌 해맑은 모습의 신선이 되었을 터인데.

세차게 뺨을 맞은 기분이 이러할까? 머리는 띵하고 분한 마음을 품기도 전에 정신이 반짝 차려진다.

언제까지 모든 것을 내려놓고 맥없이 주저앉아 있을 것인가? 바른 생각과 예전의 모습을 되찾자고 자신에게 주문을 외운다. 일어서자, 걷자, 뜀박질하자고 다짐하면서 무릎을 일으켜 세워본다.

철부지처럼 지내온 럭셔리한 상념들을 몰아내자. 나에게 깃든 갖가지의 흔적을 지워내자. 조금 앞서 떠났을 뿐인데 하고 자위를 해 보지만 나의 의지와는 달리 참아내지 못하고 또 눈물을 쏟아 낸다. 눈물로 설움을 씻어내고, 완전히 지워버리려고 작심이라도 한 것처럼 목 놓아 울어 버린다.

얼마나 지났을까. 눈앞에 광채가 서린다. 얼굴 가득히 미소를 담은 그의 모습이 조금 멀리 서 있다. 반가움에 손을 당기려고 내어미는 순간 손사래 치며 뒤로 돌아선다. 어린아이처럼 어설픈 bye bye 하는 뒤 모습을 남기고 자욱한 안개 속으로 스러져 갔다.

멍하니 웃음 반 울음 반의 어정쩡한 나의 모습이다.

생각을 가다듬고 결론을 얻어 냈다. 슬픔의 늪에서 헤어나려고 마음 다잡는 내가 안쓰러워서 위로하려고 나타난 환상인가 보다. 생각 잘 했다고, 어서 벗어나서 평온한 일상으로 돌아가라고 당부하기 위한 마지막 외출한 것이라고.

가슴 가득히 껴안았던 어두움을 토해낸다. 구석에 끼어있는 자그마한 흔적마저 지우려고 물 한 모금 입에 물었다가 씻어 내린다.

커튼 사이로 따사로운 햇살이 나의 귓불을 간지럽힌다.

별안간 허기가 몰려든다. 맵싸한 고추장에 참기름, 깨소금 곁들여 쓱쓱 비빈 밥을 상상하니 입안에 군침이 가득해진다.

어느 사이 둥근달처럼 환한 내 얼굴을 떠올려 본다.

해산의 고통

여자는 외모와 지위 여하를 가리지 않고 해산의 고통을 겪게 마련이다. 그들은 첫 애 낳을 때의 일들을 평생 잊지 않는다고 한다.

당대의 유명한 여류시인 모윤숙 선생님은 아이를 낳으신 경험을 '하늘이 노랗게 보이고 천지가 두 개로 쪼개지는 듯했다' 고 토로하셨다.

나의 첫 해산 경험은 이렇게 시작되었다.

현기증이 난다. 눈앞이 현란하다. 온갖 곤충들이 난무하고 있다. 그것들은 빙빙 돌아가면서 원을 그리기도 하고 째즈 음악에 맞추어 장기 자랑을 한다. 안과 의사가 말하는 비문증

현상이다.

그 속에서 검은 박쥐 한 마리가 방해라도 하듯 휘젓고 다닌다. 예쁜 날갯짓을 하면서 나비가 나의 가슴에 사뿐히 내려앉는다.

숨소리도 죽인 채 조용하다. 심장 박동이 자장가인 양 눈을 감고 스러져 간다. 벌이 갑자기 연한 귓불에 침을 꽂는다. 모기도 팔뚝 살갗에 주사침을 놓고 피를 빨면서 떨어질 줄 모른다. 온몸이 아파서 뒤척이고 싶어도 나비가 떠나 버릴까 걱정이 되어 숨을 가만히 내 쉰다. 이러한 와중에 왕 노릇을 하는 박쥐는 내 눈을 쪼아 댄다. 이제는 내 육신도 귀찮다. 나비 생각도 할 겨를이 없다. “아, 아파.” 하며 가까스로 몸을 가누어 옆으로 돌아 누워본다.

별안간 허기가 몰려온다. 온갖 먹을거리가 즐비하게 널려 있다. 팔을 뻗쳐 당기려 해도 잡히지 않는다. 안간힘을 써 본다. 진수성찬 중에 꽁보리밥과 아무것도 넣지 않은 강된장 향에서 새 힘이 솟는다. 후식으로 원두커피를 찾는다. 얼굴엔 생기가 도는 것 같고 몸을 뒤척이기가 좀 수월하다. 적당하게 배가 채워졌던 지 깊은 잠으로 빠져든다.

뚱딴지 같이 열차 건널목에서 졸고 있는 철도원의 모습이 보인다.

후미진 뒤뜰에 귀뚜라미 소리가 배경음악이다.

이가 빠져서 합죽한 노파의 웃음기가 마음을 편하게 이끌어 준다.

비행기의 고공 행진인가 싶더니 땅 밑의 개미군단 행렬이다.

대장간에서 땀을 뻘뻘 흘리면서 쇠망치 질을 하는 건장한 노인의 거친 숨소리가 들린다. 또 귓가에 맴도는 가느다란 다듬이 소리에 마음이 젖어든다. 한편 곤한 모습의 시골 아낙이 입은 헤벌리고 눈은 풀린 채 2막이 끝났다.

몸속 기운은 잦아들어 풀죽은 빨랫감처럼 몸 전체가 깔아진다. 적막한 갯벌에 밀물이 몰려든다. 거침없이 발을 담근다.

양팔을 한껏 벌리고 영화 '타이타닉' 의 주인공처럼 선상 포즈를 취해본다. 험준한 산꼭대기에서 쩔쩔매다가 벼랑으로 떨어진다.

많은 사람으로 인산인해를 이룬 대공원 광장에서 펼쳐진 서커스의 아슬아슬한 장면에 정신을 빼앗긴다. 문득 기분이 허전하다. 어깨에 메고 있는 핸드백이 입을 벌린 채 지갑이 사라졌다. '어머나!' 주위를 둘러보니 썰물에 쓸려 나간 듯 허허벌판이다. "안 돼, 내 금목걸이, 현금이랑 안 돼, 안 돼."라고 소리친다. 힘을 다하여 눈꺼풀을 열어보니 꿈이다. 날아갈 것 같은 기분에 안도의 한숨을 몰아쉰다.

돌아누울 기력조차 없다. 눈이 부시듯 실눈을 떠보니 어스름한 불빛아래 걱정으로 뭉친 자애로운 어머니의 얼굴 모습이 보인다. "애야! 괜찮니? 웬 땀을 이렇게" 하시며 닦아 주신다. 잠시 후 밖으로 나가시는 기척이다. 시간이 얼마나 흘렀을까… 눈이 떠지기에 사방을 둘러본다. 병원 침상이다. 내 팔엔 링거가 꼽혀 있다. 남편도 걱정과 안심, 환희와 위로가 뒤섞인 형용하기 어려운 표정으로 나의 손을 잡고 있다. 아마 세상에서 가장 미더운 악수리라. 큰 어머니, 사촌동서도 보인다. 마치 저승에 갔다가 돌아온 사람을 반기는 시선들이다.

산통 3막의 커튼이 서서히 내려진다.

허리가 쪼개지는 아픔에 아악 소리를 질렀다. 아기의 울음소리와 함께 출산의 기쁨도 잊은 채 모든 고통이 사라지고 평온한 잠에 빠져 들었었다.

임산부가 진통을 시작하고 끝내는 시간은 사람마다 다르다. 무섭고 놀라운 경지에 빠져 버렸던 나의 이틀간 산통은 그야말로 고행의 길이었다.

이렇게 죽음에 견줄만한 어미들이 겪은 산고와 헌신적인 사랑을 자식들은 얼마나 감지하려는지….

화초들의 속삭임

"잘들 잤니?"

"네, 간밤에 안녕하셨어요?"

아침 해가 돋아올 무렵, 잠에서 깨어나 베란다 문을 활짝 열었다. 키 큰 고무나무가 먼저 아침인사를 건네자, 핑크빛 꽃이 송알송알 매달려있는 제라늄이 다투어 중창이라도 하듯이 대답한다.

대접받기 위한 선수 치는 인사였을까, 아닐 것이야.

큰 키로 내려다보면서 사랑으로 보듬어 주는 마음이었겠지.

아니면 주인으로부터 왕따 당하는 것이 측은해서 그랬을

것이야.

사실 나는 제라늄의 비릿한 향이 싫어서 가까이에 두지 않고 있다. 이렇듯 그 들을 바라보면서 내 마음 속에선 온갖 상념이 뒤엉킨다.

우리 집에는 화초가 많은 편이다. 어쩌다 친구가 집에 오면 화초 온실 속에 들어 온 것 같다고 말하기도 한다. 이름조차 기억되지 않는 크고 작은 나무들이 베란다와 거실에 즐비하게 널려 있다. 기분에 따라서 화분들의 위치를 가끔 바꿔 놓기도 한다. 사랑하는 것일수록, 예쁜 것일수록 가까이에 두고 싶어 함은 우리 모두의 숨겨진 마음일 것이다.

열대지방의 나무도 햇볕을 좋아하는지 물을 싫어하는지 살펴가면서 정성을 기울이니 요즘은 모두 건강하게 잘 자라고 있다.

지난 가을 무렵 앙증스러운 나무에 거의 모기 크기와 같은 보라색 꽃을 피운 화분에 눈길이 머문다. 또 예쁜 것을 보면 그대로 지나치지 못하는 병을 일으켰다. 자석에 끌린 듯이 나의 눈이 그 화분에 붙어버렸다.

꽃집 주인은 “꽃을 무척 좋아하시는군요.” 하면서 아주 작은 화분을 내어 준다. 고마운 마음으로 발길을 돌리면서 잘 키우겠노라고 다짐했다.

'가장 눈 바른 거실 장식장 위에 올려놓고 혹시나 물을 바꾸어 배탈 나지 않을까, 열이 심하면 어떻게 하지.' 하며 수시로 눈길을 주었다. 불면 날아가 버릴 것만 같은 아주 작은 꽃이라서 더욱 안쓰럽다. 마치 병이라도 앓고 있는 가녀린 소녀의 모습 같아서 마음이 애틋하다. 그러나 이 화초와 수목은 나의 아침을 언제나 싱그럽게 한다.

하루는 급한 마음으로 화초들에게 시선을 주지 못한 채 물만 부어 주었다. 퇴근 후에 아침일이 마음에 걸려서 핸드백도 내려놓지 않고 둘러보았다. 몇몇 애들이 아픈 기색이다. 아직도 물을 쫙 빨아들이지 않아서 쳐다보았더니 나에게서 등을 돌린다. 저희들끼리의 속삭임에 귀를 기울여 본다.

"얘, 오늘 우리 엄마가 시간이 바빴는지 아니면 내가 미웠는지 다른 때에는 밥을 조금씩 입, 귀, 눈, 머리, 뺨, 턱 순서대로 먹여 주었는데 오늘은 깜짝 놀랬어. 나 체한 것 같아, 배에 개스가 가득해."

"으응 너도 그랬구나, 나도 폭포수를 만난 기분이었거든…."

나는 나무들의 소리에 미안한 마음을 금치 못했다. 다른 나무들은 그나마 힘이 빠져서 자기들의 소리를 내지 못하는 것 같다.

그래, 우리 인간도 생김새, 성격, 마음씀씀이, 체질도 다르지 않은가! 한방에서는 인체를 사상체질로 구분하고 있다. 소양인, 소음인, 태양인, 태음인을 떠올려본다. 화분들에게도 성질에 따라 물 주기부터 바꿔 봐야겠다.

우리 집은 베란다 바깥문을 열면 갈매기들이 즐겁게 노는 바다다. 입주 후 일 년여 지났을까 몇 개의 나무들은 꽃대와 잎의 사이에 하얀색 곰팡이가 피었다. 일 년 내내 파란 잎과 꽃을 피우던 화초는 꽃이 줄어들고 잎은 누런 갈색으로 변해 버렸다. 원인을 찾아낼 수가 없었다. 혹시 얘들 해풍을 싫어하는 게 아닐까 생각하면서 뒤 베란다로 옮겨 주었다. 정성을 기울여 물을 주면서 대화를 했다.

"얘들아 미안해. 나는 너희들이 바닷바람과 강한 햇볕을 싫어하는 것을 몰랐구나. 정말 미안해!"

아침저녁으로 마주하면서 따뜻한 마음을 나누었다. 곰팡이도 닦아 주었다. 웬걸, 3개월 정도 지났을까. 파란색의 잎들이 돋아나고 육손이도 새 잎사귀를 키워낸다.

키가 작은 포인세티아도 나직하게 나를 부른다. "나도 강한 햇볕은 싫어요." 한다. 방향을 바꾸어서 이리저리 옮겨 놓았다.

구석진 곳에 있는 관음죽에 시선이 끌린다. 자세히 보니 뾰족하게 움을 틔웠다. 너무 신기하다. 무슨 소리를 낼까, 귀를 기울여 본다. 아주 작은 소리에 숨을 죽인다.

“눈이 부셔서 뜰 수가 없어요. 엄마의 품보다 세상은 너무 넓어요. 장애물도 많아요.” 내 곁에 있는 강아지 몽이에게도 조용히 해 달라는 신호를 보낸다. “저 아저씨는 왜 저렇게 키가 커? 나는 얼굴도 볼 수 없잖아요.” 불평을 늘어놓더니 어느 사이 깊은 잠에 빠진 모양이다.

저를 키워내기 위하여 얼마나 아팠는지도 모르는 채….

연초록의 잔디 깔린 궁전 정원에 들어앉은 기분이다. 포근하다. 마치 엄마의 품속처럼 평화롭다.

요즘은 화초들도 개성시대를 맞이했다. 모양과 취향에 따라 우리에게 선택당하고 있으니 말이다.

큰 나무와 작은 나무, 각양각색 화초들이 서로 어우러져 제 나름대로의 색깔과 향기로 아름다운 세상을 만들어 간다. 이렇듯 우리도 색깔과 향이 조화되는 동화작용으로 갈등대신 사랑으로 가득한 삶을 살면 좋겠다.

맑은 세상을 꿈꾸며 화초들을 보듬어 본다.

마창진 씨들이여!

우리도 촛불이라도 붙여서 우리의 권리를 찾아봅시다.

마창진은 경남의 수부 도시로서 정치 · 경제 · 사회의 중심지로 자리매김해 오고 있습니다. 그러나 유감스럽게도 교육이나 의료보건의 중심지가 되지 못하고 있습니다. 경남의 수부로 건설된 지 30여 년 동안 각계각층의 피땀 어린 창의와 협력으로 비약적인 발전을 거듭하여 오늘에 이르고 있습니다. 인구만 보더라도 320만萬 도민 중 절반 가까이 차지하고 있지요. 그러나 대학과 병원의 규모는 다른 지역에 비할 때 너무도 빈약하고 후진지역임을 모두 느끼고 계실 것입니다.

헌법에 보장된 국민의 행복권 가운데 가장 소중한 것이 의료보장권인데도 그 혜택을 받지 못함을 안타까워 할 뿐 이였습니다. 시간적 경제적 의료적인 측면에서 지나친 고통을 받아오고 있습니다.

20여 년 전으로 거슬러 올라가 봅니다.

재벌이 설립했다는 A병원을 찾았을 때 "우리 병원에는 아직 MRI 시스템이 없어서 정확한 진단을 내릴 수 없다."는 의료진의 말에 많은 이들은 어쩔 수 없이 부산, 대구, 서울로 뛰지 않을 수 없는 실정이었지요. 그러면 근래는 어떻습니까? 암이란 병을 얻고 나름은 큰 규모라는 A병원이나 창원의 B병원을 찾게 되면 마창 지역에는 이 병을 치료할 만한 병원시설이 없다고 입맛을 다시는 꼴입니다. 진주나 부산으로 가야된다는 의사의 절망적인 시선에 가족들의 참담한 심경은 말할 여지도 없거니와 환자들은 치료를 받기도 전에 초주검을 맞는 격입니다. 초스피드 시대를 맞이한 지금은 모든 것이 시간과의 전쟁이라고 생각합니다. 그러므로 위급한 환자들에겐 시간이 바로 생명일 것입니다.

근래 지자체 통합문제가 많은 관심 속에 대두 되고 있습니다. 이번 기회에 서로 힘을 결집하여 특색 있는 도시로 발돋움하기를 기원합니다. 각 단체장이나 정치인은 자신들의 이권을 모두 내려놓고 시대적인 발상으로 이끌어낸 통합정책에

긴 안목을 가지고 이루어 낼 것을 기대합니다. '앙겔라 메르켈' 독일총리의 메시지를 떠올립니다.

"빨리 가려면 혼자가라. 그러나 멀리가려면 함께 가라."는 의미 깊은 메시지를 귀 밖으로 흘리지 않았으면 좋겠습니다. 무엇보다도 단체장들과 정치인들의 굳은 의지와 역할이 모여져서 빠른 시일에 통합을 실현시켜 줄 것을, 마창진씨들의 힘으로 간청합니다.

마창진 수장님들! 기왕 말이 나온 김에 서둘러 주십시오. 목적을 달성시키기 위해선 수장님들의 확실한 비젼을 서로 공유해야 된다고 생각합니다. 더욱 상호간에 확실한 믿음으로 밀고 당겨야 할 것입니다. '우리는 남이 아닙니다. 우리는 하나입니다.'

이번 기회에 정부에 막강한 지원도 받아냅시다. 그러므로 마창진 시민들은 타 도시로 치료받으러 가지 않아도 되는 의료기관을, 또 후진 교육을 위하여 교육기관들의 투철한 창의력에도 기대어 봅시다. 또한 각 지역의 장점을 더욱 계발시켜 특색 있는 신도시로 꾸며 봅시다.

개항 100년을 지난 마산항, 이은상 선생님의 내 고향 남쪽 바다로 시작되는 '가고파' 노랫말처럼 마산만도 파란색의 바다로 바꿀 수 있을 것이며, 또한 아름답게 녹지와 도로로 조성된 창원은 녹색도시, 생태도시로 더욱 빛낼 수 있습니다. 해군의 요새로 오랫동안 자리해온 진해도 더욱 아름다운 해양 도시로, 여기에 오래전부터 베드타운으로 일컬어 온 함안 지역! 얼마나 환상적인가요? 그 곳은 신도시의 지경을 넓혀갈 수 있는 요소들을 지니고 있다고 봅니다.

또 한가지 바램은 이렇게 이루어진 신도시에는 우리 통합된 시민들의 공감대를 이끌어내며, 가족들이 함께 여가를 즐길 수 있는 4일 장터를 만드는 것이에요. 물론 재래시장 중심이 되어야 되겠지요. 하루는 마산에서 다음날은 창원에서, 또 진해, 함안에서 각종의 특색 있는 시장을 개설하는 것입니다. 좀 더 편리하도록 '시내투어' 차량을 운행하는 것입니다. 생각만 해도 정말 '행복한 상상' 이 아닐 수 없습니다.

마창진 함씨들이여! 궐기하며 단합된 큰 소리로 외쳐봅시다.

"우리의 희망을 실현시켜 달라" 고.

해설

| 해설 |

자기 탐구를 위한 담론들
—정영희 수필집 《새끼손가락에 거는 마음》론

하 길 남
문학평론가, 경남대 수필창작전담교수

1. 머리말

말할 것도 없이 문학은 자기 탐구를 위한 담론이다. 특히 수필의 경우 자신의 생활 자체를 점검하고 실험하면서 거기서 작은 깨달음을 얻는 글이기 때문에 이러한 문제에 대해서는 새삼 재론의 여지가 없는 일이다. 그럼에도 불구하고 이러한 언술을 배면에 깔게 되는 것은 그만큼, 오늘날 이러한 담론이 더욱 절실해졌다는 증거가 될 것이다.

그래서 플로렌쯔 같은 이는 수필을 '자신의 심판과정' 이라고 말했던 것이다. 빌쉐가 수필을 '성숙의 양식' 이라고 한 것도 역시 같은 이야기라 하겠다. 이처럼 우리들이 자신의 문제에 대해 이야기해 왔지만, 오늘날 우리들의 생활환경은 점점 더 나빠지고 있는 것이 아닌가. 이는 역시 생태계 문제라 하겠지만, 그만큼 사람들이 자기가 살아가야 할 세상을 그렇듯 오염시켜 온 것을 생각해 보면 사람들이야 말로 얼마나 지각 없는 존재인가 하는 것을 알게 된다.

비단 생태계 문제뿐 아니라, 세계 도처에서 국지전이 계속되고 있는 것이 아닌가. 중동에서 독재자 카타피가 시민군들에 의해 피살된 것만 살펴보더라도 세상은 세월이 갈수록 더욱 진보되고 개선되는 것이 아니라 어쩌면 더 퇴보되고 있지 않은가 하는 의구심을 금할 수 없는 것이 사실이다. 중동에서 독재자에 대한 저항운동이 일어나고 있는 것만 보아도 알 수 있는 일이다.

문학은 인간순화는 물론 사회적 정화장치가 될 수 있어야 할 뿐 아니라, 생태계에 대한 문제도 다루어야 할 막중한 사명을 띠고 있다. 이와 같은 처지에서 김지하 시인이 〈도둑촌〉이라는 시를 썼고, 시에서 '무뇌아' 이야기까지 노래하게 된 것이다. 여기에 '해탈의 욕망' 이 대두되기에 이른 것이라 하겠다. 퓨전수필이 득세를 하고 있는 것도 이와 무관하지 않다

하겠다.

2. 작은 깨달음들

우리는 앞에서 '자기 탐구의 담론들'이라고 했다. 사실상 자기 탐구란 바로 작은 깨달음이라 하겠다. 말할 나위도 없이 우리는 수필을 쓸 때마다 이 작을 깨달음 때문에 어려움을 겪기도 하는 것이 아닌가. 이러한 사실을 우리는 또 문학적 형상화라고 일컬어 온 것이다. 결국 같은 항렬인 것이다. 나에게 있어서 어떻게 사는 것이 가장 보람 있는 삶일까. 또 그러한 삶의 현장에서 우리는 무엇을 찾으려는 것일까. 참삶의 덕목은 어디에 있는 것일까.

불교에서 '너 뭣꼬' 하는 화두를 평생 동안 짊어지고 사는 것도, 기독교에서 하나님에 삶을 의지하게 되는 것도 모두 삶의 근원적인 화두를 좇아 살아가려는 의지의 향방인 것이다. 그래서 사람마다 자신의 인생관이나 사회관이 있게 마련이다. 또한 그러한 자신다운 신앙을 위하여 우리는 일생 동안 방황하기도 한다. 말하자면 나의 삶은 나다운 삶의 길 찾기인 것이다.

은은한 라일락 향기 같은, 또 작은 돌 큰 돌을 달래가면서 졸졸 흐르는 냇물의 온유함 같은 우리네의 성품을 그려 본다.

—〈여인네들의 심사〉에서

머리를 손질하기 위해 미장원에 가면서, 오늘은 다른 곳으로 발길을 옮겨보게 되는 것이다. 이처럼 사람은 일생 동안 모든 일을 스스로 선택하면서 살게 된다. 무엇을 어떻게 선택하느냐에 따라 사실상 그 사람의 운명이 바뀌어지는 것이기 때문이다. 무슨 직업을 선택하느냐에 따라 그 사람의 일생은 결정된다 해도 과언이 아닌 것이다.

만물의 영장인 우리 인간은 엄마 뱃속에서 열 달을 자랐으면서도 직립보행 때문에 미성숙 단계에서 태어날 수밖에 없다고 하지 않는가.

새끼는 모두 귀엽다. 순수하다. 거짓이 없다. 끈끈이에 덜 밟힌 뒤쪽 발가락 두 개가 경련을 일으키듯 하더니 곧 멈추어 버린다.

—〈서바이벌 게임〉에서

세상이 사람에게 죄를 짓게 한다. 생존경쟁 때문이다. 말하자면 삶이 곧 죄를 동반하게 된다. 순수를 그대로 이어가다가는 결국 죽게 되는 세상이 아닌가. 죄 없는 세상을 그대로 이어갈 수 있는 순수사회는 인간들에 있어서 꿈일 뿐인가. 결국 무리 즉 집단은 죄를 동반하기 마련인가. 전쟁은 언제나 피할 수 없는 인간적 숙명인가. 그래서 우리의 역사를 '피의 목욕탕' 이라고 했듯이 말이다. 결국 삶이란 '죄와의 타협' 이라는 논리를 우리는 여기서 읽게 된다. 이러한 사실은 두루 우리가 잘 아는 이야기다. 그러나 화자는 여기서,

> 새끼가, 끈끈이에 덜 밟힌 뒤쪽 발가락 두 개가 경련을 일으키듯 하더니…

라고 서술하면서, 세상을 향한 죄와의 결별을 위한 안간힘을 쓰고 있는 모습을 보게 된다. 곧 '탄생이 경련' 즉 필사의 저항의식을 독자들에게 밀고하고 있는 것이다. 다시 말하자면 '원죄에 대한 반사적 경련' 이라는 것이다. 이만한 재치라면 단연 압권이 아닌가.

뿐만 아니라, 화자는 〈새끼손가락에 거는 마음〉이라는 수필에서, 스스로도 어쩔 수 없는 인간의 마음을 음식의 발효현상에 비유하면서 작은 깨달음을 얻고 있는 것을 보게 된다.

때론 내 마음도 뾰족해져서 곁의 사람들을 까칠하게 찌르는 경우가 있다. 자신이 잘 못하고 있다는 것을 알면서도 반복하여 일을 저지르기도 한다. 명암이 고르지 못한 나의 속내가 문제라고 생각된다. 음식의 재료는 발효시켜 좀 더 건강을 지키려 하는 우리네 인간이지만, 한편으로는 죽을 때까지 자신의 마음 씀씀이는 삭혀내지 못하는 미완성 작품임을 어찌하랴!

—〈새끼손가락에 거는 마음〉에서

우리는 흔히들 발효식품으로 김치를 든다. 배추 속에 녹아든 여러 가지 양념들에 의해 유익한 균들이 배양되는 원리를 말하는 것이다. 사전적 의미를 보면, 효모류나 세균류 따위의 미생물에 의해서 유기 화합물이 알코올류, 유기산류, 탄산까스 따위를 생기게 하는 작용, 술, 간장, 된장 등에 이용된다. 엄밀하게 탄수화물이 미생물에 의하여 산소의 관여로 분해되는 현상을 가리킨다. 흔히 띄우기, 뜸이라고 한다.

우리들 몸에는 유익한 균들과 몸에 위해를 가하는 유해한 균들이 서로 안배되어 있는데, 어느 쪽이 우세하느냐에 따라 그 사람의 건강이 좌우되는 것이니, 발효효과야 말로 얼마나 우리 인간에게 유익한가. 우리들의 생사를 가름하는 정초기지가 되는 것이니 말이다.

이처럼 우리 정신에 있어서의 발효작용을 화자는 말하고 있는 것이다. 이 정신의 발효작용이야말로 인간의 삶에 있어서 가장 중요한 정신적 임상학臨床學이 될 것이 아닌가. 여기서 우리는 화자의 수필적 경륜을 읽게 된다. 인간은 이 정신적 발효작용에 의해 자기 스스로를 통제하면서 개인적 마음의 평화는 물론 건강 사회의 밑바탕이 되는 자기 수련의 방편이 되어야 할 것이다. 이러한 자기 구제의 정신적 발효현상은 끝내 자기 해탈의 지평에까지 승화시켜 나가야 할 인간적 덕목임을 알게 된다.

3. 실존적實存的 자아自我

사실상 모든 생명체들은 자기 자신을 바침으로서 자신의 임무를 다하는 셈이다. 돼지는 사람에게 잡혀 먹힘으로써 자신의 사명을 다했다고 말할 수 있을 것이다. 이 세상의 모든 생명체들은 그러한 의무를 다하기 위해 이승에 태어났다 해도 과언이 아닐 것이다. 그래서 사람을 만물의 영장이라고 했던 것이 아닌가.

스스로 자신의 존재를 탐구하면서 살아가는 존재, 그것이 사람이다. 그런 까닭에 사람이라는 존재를 굳이 실존實存이라고 했던 이유를 알게 된다. 화자는 이러한 인간의 본성, 그러한 삶의 현장을 두고 '자기를 디자인하라.' 고 다그치고 있는 것이다.

> 사랑도 사람에 따라 각자 다르게 디자인되어야 한다. 각기 상대방에 따른 표현방식이 달라지기 때문이다. 서로의 격이 어울려 정서의 합일이 이루어질 때, 더욱 아름다운 사랑이 결실을 맺게 될 것이다. 우리의 의상도 마찬가지다. 본인의 체형과 피부색 등을 고려하여 아무리 입고 싶은 옷이라도 선뜻 마음을 결정하지 못하는 경우도 있다.
>
> 개성에 따라 선택하고 어울리는 치장을 했을 때 남들의 시선을 받을 뿐 아니라 아름답고 우아함을 선사할 수 있다.
>
> —〈디자인〉에서

그렇다. 자기 디자인이다. 우리가 잘 알다시피 실존주의자들은 사람은 다른 생명체들과 달리 스스로 자기를 만들어가는 존재라고 정의한다. 그런 까닭에 존재한다고 말하지 않고 실존한다고 말하고 있는 것이다. 말하자면 '존재가 본질에 선

행한다.' 는 것이다. 스스로 자신을 만들어가는 존재라는 뜻이다. 우리는 가끔 '인간 좀 되어라.' 라는 말을 듣곤 한다. 이때 그는 인간다운 행동을 하지 않았다는 결론에 이르게 되는 것이 아닌가.

이를 좀 좁은 의미로 비유해서 생각해 보면, 우리는 너는 커서 의사가 되어라, 학자가 되어라, 정치가가 되어라 등등 장래 자기가 나아갈 길을 정해놓고, 거기에 맞는 학교, 학과를 선택하게 하는 것이 아닌가. 미국의 전 대통령 케네디 가에서는 미국합중국 대통령을 탄생시키기 위해 무려 3대에 걸쳐 공을 들였다는 이야기가 있는 것을 보면, 분명 사람은 스스로 만들어가는 것이 틀림없다 하겠다.

화자는 여기에서 한 가지 주문을 덧붙이고 있다. 즉,

> 모든 것에는 뛰어난 디자인이 필요하다. 그러나 무엇보다도 우리의 마음가짐이 새롭게 디자인되어 무릉도원을 꿈꾸어 보련다.

는 단서가 그것이다. '마음의 디자인' 그것은 한 걸음 더 나아가서 '영혼의 디자인' 이라고 해도 좋을 것이다. 물론 실존이라는 개념에서 인간 되기는 말할 것도 없이 육신과 정신을 포함하는 개념임은 두말할 나위도 없는 일이다. 굳이 여기서 화자가 '정신적 디자인'을 언급하게 된 것은 원래 '디자인'이라는 개념이 외적 상황에 한정된 뜻이기 때문이다.

우리는 여기서 화자의 문학적 센스를 읽게 된다 하겠다. 사실 이 수필의 급소는 이 '마음의 디자인'이라 해도 과언이 아니다. 이 자기의 디자인, 그 육체적 · 정신적 디자인이라는 진술 자체가 역시 작은 깨달음의 일환이라는 것을 우리는 다시 한 번 되새겨보게 된다. 가히 깨달음을 동반한 실존적 광맥을 여기서 우리는 짚어보게 된다. 그러한 차원에서 우리는 수필의 다양한 진수를 맛보게 되는 것이다. 과연 수필적 압권을 맛보는 셈이다.

4. 비유와 묘사 등

(1) 비유

말할 것도 없이 비유와 묘사는 수필작법에 있어 문장상의 2대 요소라고 불리어질 만큼 중요하다. 이러한 작법상의 기교가 없다면 수필은 무미건조해지고 말 것이다. 그래서 비유와 묘사는 비단 수필뿐만 아니라, 시나 소설 등 모든 문학 장르에 있어 문장상의 중요 기법이 되고 있다.

만약 이러한 문장상의 기법이 원용되지 않는다면, 아무리 주제와 소재 및 구성이 잘 되었다하더라도 좋은 수필이라고 할 수 없을 뿐 아니라, 독자들의 환영을 받지 못할 것이다. 그래서 오래전부터 수사학이 발달되어 왔다. 여기서 그 실례를 일일이 열거할 겨를이 없지만, 잠시 비유의 항목만 적어본다. 직유법, 은유법, 풍유법, 활유법, 상징법, 과장법, 영탄법, 반복범, 점층법, 미화법, 열거법, 억양법, 중의법, 연쇄법, 비교법, 직서법, 명명법, 인용법, 도치법, 대조법, 대구법, 반어법, 설의법, 생략법, 현대법, 문답법 등이 있다.

> 꽃망울을 피어내기 위해 꽃나무는 이토록 산고를 겪었을까. 차라리 추적추적 끊임없이 내리는 비보다 태풍처럼 삽시간에 이 고통이 끝났으면 좋겠다. 이런 생각으로 안간힘을 쓴다.
>
> —〈영원한 행복〉에서

이 비유는 2중으로 되어 있다. 그 첫째가 사람과 꽃과의 비유이고, 그 둘째는 순풍과 태풍과의 비교이다. 꽃나무가 꽃을 피우기 위하여 겪는 고통과 사람이 아이를 낳기 위한 고통을 비유한 것이 그것이다. 그리고 그 고통의 실상을 비 즉 이슬비와 폭우에 비유하고 있는 것을 보게 된다. 이렇게 여러 겹으로 중복 비유의 형태를 띠고 있는 것을 보게 된다.

이슬비는 조금씩 천천히 내리지만, 그 대신 땅을 적시려면 오랫동안 내려야 한다. 이와 반대로 폭우는 잠시 내리고 말지만, 그 진폭은 요란하기 마련이다. 산통을 길게 끌기보다 태풍처럼 빨리 끝나기를 화자는 바라게 되는 것이다.

여기서 우리는 화자의 성품을 짐작하게 된다. 선이 굵고 매사에 적극적이며, 맺고 끊는 것이 확실한 사람, 즉 우리들이 흔히 말하듯 화끈한 사람을 떠올리게 된다. 사실 화자가 사회적으로 맡고 있는 여러 가지 영향력 있는 직책들이 이를 잘 설명해주고 있다 하겠다. 그래서 이른바 통이 매우 큰 사람이라는 것을 알게 된다. 말하자면 대인풍인 것이다. 그러한 연유를 우리는 또 다음과 같은 어머니와의 대화에서도 확인하게 된다.

너는 어떠한 고통도 이겨낼 수 있다. 나는 너를 믿는다.

—〈영원한 행복〉에서

그리고 화자는 역시 비유를 또 한 번 동원하고 있다. 이 글을 쓰는 일을 산고에 비유하고 있는 것이 그것이다. 이렇게 본다면 화자는 가히 비유의 명수가 아니겠는가.

글 쓰는 일을 흔히 산고에 비유하듯 작품을 완성하는 일이 진성 어려운 일임을 알게 한다. 나는 오늘도 제2의 산고를 겪으며 행복한 미소를 짓는다.

—〈영원한 행복〉에서

여기서 우리는 '산고'와 '행복한 미소'가 극적으로 또 한 번 비유됨으로써 이른바 비유를 완성시키고 있는 것을 보게 된다. 이처럼 비유는 문학의 본령이라 해도 과언이 아닌 것을 우리는 다시 한 번 실감하게 된다. 이뿐만 아니라, 수필 〈오래된 얼굴〉에서는 비유를 넘어, 탐구의 영역까지 이를 확대시키고 있는 것을 읽게 된다.

번갈아가며 두 친구 집을 방문했다. 각자의 성격대로 집안이 꾸며져 있었다. 전부터 화려하게 보이던 친구네 집은 밝은 이태리가구에 양주병이 장식장에 가득 누워 있었다. 월풀 냉장고 전면을 동물 모양, 과일 모양, 채소 모양의 자석을 붙여

빠끔한 곳이 없었다. (1)

다른 친구는 말수도 적고 매사에 소극적이며 차분한 느낌을 준다. 그 집은 분위기가 전혀 다르다. 갈색 톤의 가구가 무게감을 주었고, 차도 보이차를 끓여낸다. 집안이 깔끔하기보다는 텅 비어 있는 느낌이다. 왠지 마음이 편치 못하고 조심스럽다. 먼저 친구 집에서는 퍼지고 앉아 무릎을 치며 웃어대고 쇼파 위에 눕기도 했었다. 그런데 이 친구 집에서는 똑바로 앉아 다도를 시연하는 것처럼 차를 마셨다. (2)

'잘난 사람 잘난 대로 살고, 못난 사람 못난 대로 산다.'는 노랫말처럼 각자의 안목, 취향에 따라 집 분위기를 만들어 간다고 생각되니 참 재미가 있다. (3)

—〈오래된 얼굴〉에서

이 세 가지 인용문에서 우리는 다시 해석을 달 필요가 없을 것이다. 다만 우리는 여기서 비유와 더불어 인간적 성격을 탐구하고 있다는 것을 알게 된다. 우리는 흔히 '성격이 운명'이라는 말을 늘 듣고 있다. 여기서 새삼 이 말을 되씹어 보게 된다.

얼마나 사람들에게 편안한 사람이 될 것인가 하는 것이 중요하다는 사실을 우리는 여기서 느끼게 된다. 나에게 엄격하더라도 남에게는 관대하고, 스스로 격식을 존중하는 사람이라도 남에게 그것을 드러내서는 알 될 것이다. 남을 끝없이 편안하게 해 줄 수 있는 사람, 말하자면 외유내강外柔內剛형 성격 자가 되어야 할 것이다. 이 세상에서 가장 큰 덕, 정이란 다른 것이 아니다. 바로 남을 즐겁게 하는 것이다. 정이란 남에게 사랑을 베푸는 일이다. 이런 평범한 진리를 떠나서 인생에게 필요한 덕목은 없다.

정당이다 제도다 정치다 하는 것은 결국 이를 이루기 위한 도구요, 수단일 뿐이다. 어느 신부는 나병환자와 친구가 되기 위해 스스로 나병균을 주입하여 나환자가 되었다. 이것이 사랑의 실천이다. 보르네오 섬에 사는 프난족族에게는 '고맙다.' 는 말이 없다고 한다. 남에게 고맙게 하는 일 즉 나눔이 생활 그 자체기기 때문이라고 한다. 사는 것이 이렇고 보니 달리 말로 표현할 필요가 없는 것이다. 그래서 화자는 끝내,

잘난 사람 잘난 대로 살고, 못난 사람 못난 대로 산다.

는 노랫말을 덧붙이면서 각자의 안목, 취향에 따라 집 분위

기를 만들어 간다고 생각되니 참 재미있다고 말하고 있는 것이다. 그렇다. 그것이 자신이 타고난 운명인 것이다. 이쯤 되면 화자의 분석력에 찬사를 보내지 않을 수 없을 것이다.

> 시누이가 내 소개를 하자 각자 자기소개를 한다. 모두 8명이다. 봄꽃처럼 눈부신 모습들로 아침시간을 상쾌하게 이끈다. 마치 화사한 벚꽃처럼, 수줍은 목련처럼, 화려한 모란꽃처럼, 가시달린 장미처럼, 초롱꽃처럼, 향기 고상한 백합화처럼, 피곤해 보이는 할미꽃처럼, 내가 좋아하는 아기자기한 안개꽃처럼 개성이 돋보이는 상냥스러운 일본 여성들의 향을 맡을 수 있었다.
>
> —〈오사카의 여인들〉에서

(2) 묘사

묘사는 말할 것도 없이 대상을 구체적으로 그리는 것이다. 세상 만물뿐 아니라, 인격 등 모든 것을 그리는 행위이기 때문에, 여기에는 작가의 관점이 스며들게 마련이다. 뿐만 아니라, 비유 등 서술상의 기법에 따른 분류도 많다. 실감實感의 보수補修라는 말이 있듯이 실제로 대상을 보고 느끼게 되는 행위를 더욱 보강해 주는 기법상의 수련이 수필의 성공으로 이끄는 역할을 할 것은 말할 나위도 없는 일이다.

묘사가 부실하면 실감이 나지 않아 그 수필은 결국 실패하고 마는 것이다. 여기에는 물론 문장의 탄력성이 수반되어야 한다. 화자의 묘사장면을 살펴본다.

이 꽃 저 꽃 위에 유희하듯 나풀거리는 나비의 모습처럼 털과 먼지가 편을 이루어 나를 조롱하는 것처럼 눈앞에 아른거린다. (1)

이제 나이 들어 마음마저 퇴색했을까. 은연중에 늙은 티가 물씬 풍기는 설익은 듯 어둔한 말을 건넨다. (2)

오랫동안 땅 밑에서 숨죽이며 움을 틔우고, 갈고 닦아온 힘과 능력의 반전이며 지금 여성 춘추전국시대를 맞고 있는 것이라고 나름대로 결론을 내려 본다. (3)

—〈애완견 미미〉에서

하루는 급한 마음으로 화초들에게 시선을 주지 못한 채 물만 쏟아주었다. 퇴근 후에 아침 일이 마음에 걸려서 핸드백도 내려놓지 않고 둘러보았다. 몇몇 애들이 아픈 기색이다. 아직도 물을 짝 빨아들이지 않아서 쳐다보았더니 나에게서 등을 돌린다. 저희들끼리의 속삭임에 귀를 기울여 본다.

—〈화초들의 속삭임〉에서

(3) 해석의 독자성

수필에 있어서 자기 나름의 해석은 사실상 작은 깨달음과 같은 이야기가 될 것이다. 그러나 굳이 이 항을 빌려 언급하게 된 것은 화자에 있어서 그만한 이유가 제기되었기 때문이다. 그것은 화자 수필에 있어서 하나의 특성을 보여주기 때문이라 하겠다. 그것을 설명보다 그 예시로 가름하기로 한다. 아니 사실 그럴 수밖에 없다 하겠다.

8자는 모양새가 준수하다고 생각된다.

아래 위 어느 쪽으로도 치우치지 않는다. 즉 아래 위가 없다. 두리 뭉실하게 날카롭지 않아서 더욱 호감을 갖는다. 가로로 눕히면 무한대를 상징하는 모양새다. 그러므로 영원 무궁한 숫자라는 느낌을 받기도 한다.

—〈나와 함께하는 8자〉에서

이외 8자에 대한 화자의 상념은 끝없이 이어진다. (1) 백색의 누에고치. (2) 8자 모양이 마음을 편하게 한다. (3) 국민체조의 구령도 8자로 마무리되었다. (4)스트레스도 사라지는 상쾌한 기분이다. (5) 88올림픽을 성황리에 끝냈다. (6) 사주가 좋아야 팔자가 트인다고 했다.

그리고 화자는 8자에 얽힌 사연들을 적고 있다. 화자가 학교에 다닐 때, 농구부에서 활약을 했는데 그 때 화자는 8번이었다고 한다. 그리고 화자는 늘 좌로나 우로 기울지 않는 8자를 늘 마음에 새기면서 살아왔다고 술회하고 있다. 이 8자에 대한 독자적 해석을 보면 다음과 같다.

> 8자를 세워 놓으면, 넘어질 것이다. 그러나 수레는 영원히 굴러갈 것이 아닌가.

그렇다. '영원한 생의 환희.' 여기서 우리는 화자의 인생관이나 우주관을 엿보게 된다. 우리가 흔히 수필에서 '신변사'나 자신의 생활사 및 이른바 중수필과 같은 관념의 행렬을 엿보게 된다. 그러나 이 글에서 보듯 이른바 신변사나 사실에 대한 해석 등이 어울려 한 편의 수필을 빚고 있는 것을 보게 된다. 이러한 양식을 평자는 지성적 서정수필이라고 정의한

바 있다. 말하자면 '신서정'이라고 정의해 온 것이다. 우리는 이와 같은 신서정 수필이 활발하게 창작되기를 기대해 보게 된다.

5. 마무리

이상으로 미흡하나마 화자의 수필에 담긴 담론들을 훑어본 셈이다. 비평작업의 요체는 말할 것도 없이 문장에서 그 주제나 소재를 통해 문학성을 찾아내는 일이다. 문학성을 한마디로 말해서 글의 향기라고 할 수 있을 것이다. 자기 나름의 인간해석에서 오는 작은 깨달음, 자신의 문체에서 풍기는 향취, 작가의 인간적 풍모, 사회적 융화와 이념의 조율 등이 그것이다.

화자의 수필에서는 오랜 사회활동에서 오는 삶의 경륜과 정분, 그 인간미가 독자들에게 잔잔히 스며들고 있어 정감이 두터웠다. 앞으로 작가적 경륜이 깊어질수록 더 문학성 짙은 작품을 우리들에게 많이 보여줄 것을 기대하면서 우리 수필 문단에 큰 기여를 하게 되기를 믿어 마지않는다.

정영희 수필집
새끼손가락에 거는 마음

펴낸날 2011년 12월 20일

지은이 정 영 희
펴낸이 오 하 룡

펴낸곳 도서출판 경남
주 소 창원시 마산합포구 남성로 42
연락처 (055)245-8818~9 / 223-4343(f)
홈페이지 www.gnbook.com
전자메일 gnbook@empal.com
출판등록 제2호(1985. 5. 6.)
편집팀 오태민 | 심경애 | 구도희

ISBN 978-89-7675-736-4-03810

〔값 10,000원〕